사르트르의
경영학 수업

사르트르의
경영학 수업

팬덤북스

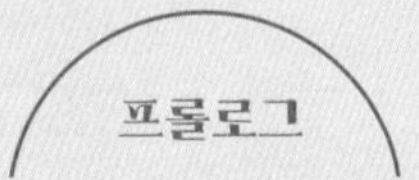

왜 지금 사르트르인가?

21세기의 경영환경은 이전과는 전혀 다른 지형에서 전개되고 있다. 불확실성은 더 이상 예외가 아닌 경영의 기본 전제가 되었고, 정답은 고정된 법칙이 아닌 끊임없이 재정의되는 가치가 되었다. 리더십은 전통적 권위에서 조율로, 전략은 확고한 계획에서 존재론적 질문으로 이동하고 있다. 이제 기업은 단순히 "무엇을 할 것인가"를 넘어 "우리는 누구인가?", "왜 이 비즈니스를 해야 하는가?"라는 근본적 존재의 문제에 직면하고 있다.

그런데 위대한 철학자이자 실존주의의 대부, 문학의 거장으로 기억되는 장 폴 사르트르 Jean-Paul Sartre, 1905~1980 가 급변하는 21세기 경영현장과 무슨 관련이 있을까? 이 질문에 답하기 위해선 사르트르가 남긴 철학적 유산과 그것이 오늘날 우리 삶, 특히 조직과 리더십의 영역에 던지는 깊은 통찰을 살펴볼 필요가 있다.

사르트르는 20세기 실존주의 철학을 대표하는 인물이다. 그는 인간을 존재하는 자가 아니라 되어가는 자로 보았다. 그의 유명한 명제, "실존은 본질에 앞선다."는 인간이 먼저 어떤 본질, 즉 정체성, 역할, 목적 등을 가지고 태어나는 것이 아니라 선택과 행동을 통해 자기 자신을 구성해 나가는 존재임을 선언한 것이다. 이 철학은 단지 개인의 자유와 책임을 말하는 윤리의 수준을 넘어 오늘날의 기업 경영에 중요한 함의를 던진다. 기업 역시 정해진 본질이 있는 존재가 아니다. 시장, 기술, 고객, 제도라는 던져진 조건들 속에서 자신의 정체성과 전략을 재정의하고 실존해야 하는 존재다. 다시 말해 사르트르의 실존주의는 개인뿐 아니라 조직의 존재 방식 자체를 설명하는 실천적 프레임이 될 수 있다.

무엇보다 사르트르는 단순히 사유하는 철학자에 머물지 않았다. 그는 소설가이자 극작가, 정치 활동가이자 행동하는 지식인이었다. 그에게 철학은 추상적 개념이나 사변적 사유에 머무는 것이 아니라 현실을 변형시키는 실천의 도구였다. 그는 이런 실천적 태도를 '아망가주 engagement'라 불렀다. 사르트르에게 철학자는 세상을 해석하는 자가 아니라 그 안에 개입하는 자여야 했다. 이 때문에 그는 철학자가 사회적 책임을 회피하거나 중립을 가장하는 것을 자기기만이라 보았고, 실제로 제2차 세계대전

당시 나치에 맞서 직접 저항운동에 참여했으며, 알제리 독립전쟁과 식민주의 비판에도 앞장섰다. 말년에는 68혁명과 반체제 운동에도 적극적으로 목소리를 냈다.

사르트르는 글을 쓰고 사유하는 행위 자체가 하나의 정치적 실천이며 철학은 세계를 해석하는 수준을 넘어 변형해야 할 도전이라고 믿었다. 그는 "인간은 자유로운 동시에 그 자유에 책임져야 하는 존재다."라고 말했다. 이러한 사르트르의 철학은 오늘날의 경영환경에 더욱 요구된다. ESG환경, 사회, 지배구조, DE&I다양성, 형평성, 포용성, 조직의 정치성, 포용적 리더십처럼 기업이 점점 더 '무엇을 성취할 것인가?'가 아니라 '어떻게 존재할 것인가?'를 고민하는 시대로 접어들고 있기 때문이다.

이러한 철학을 실천으로 구현한 대표적 사례가 더바디샵의 창립자 故어니타 루시아 로딕 여사다. 그녀는 70개 국가에서 3,000개 매장을 보유한 더바디샵을 설립하고 이끌면서 공급업체 파트너와의 관계 강화에서부터 매장이 위치한 지역사회에 대한 대대적인 공헌에 이르기까지, 기업이 사회에 특별한 기여를 할 수 있는 방법에 대한 글로벌 등대 역할을 해왔다. 그녀의 말에 따르면 "비즈니스는 단순히 돈에 관한 것이어서는 안 된다. 비즈니스는 책임에 관한 것이어야 한다. 비즈니스는 개인적인 욕망이 아닌 공공의 이익을 위한 것이어야 한다."라고 말했다.[1]

사르트르는 삶 전체를 실험의 장으로 삼은 투사였다. 레지스탕스 활동가로 나치에 저항했고, 안정된 교수직도 거부했으며,

사유재산제에 반대해 숙박업소를 전전했고, 사랑하되 소유하지 않기 위해 아이조차 갖지 않았다. 그의 자전적 소설《말》에는 이런 고백이 담겨 있다. "한 줄이라도 쓰지 않은 날은 없었다. 이것이 내 습성이고, 또 내 본업이다. 오랫동안 나는 펜을 검으로 여겨왔다." 사르트르는 삶과 사유를 분리하지 않았다. 그의 철학은 생각하는 데서 끝나지 않고 선택하고 싸우고 변형하는 삶 그 자체였다.

오늘날의 조직은 피할 수 없는 또 하나의 강력한 현실과 직면하고 있다. 바로 인공지능의 급속한 발전이다. 인공지능은 판단과 추론, 의사결정의 영역까지 확장되며 경영의 효율성을 비약적으로 끌어올리고 있다. 그러나 그 과정에서 인간의 주체성, 선택의 자유는 위협받고 있다. 인공지능이 인간의 결정을 대체하거나 알고리즘 기반 추천이 인간의 선택지를 무의식적으로 제한할 경우, 우리는 선택하는 존재에서 선택당하는 존재로 전락할 위험에 처한다.

이는 단순한 기술 문제가 아니라 실존의 문제다. 실존주의는 인간이 선택을 통해 자신을 구성한다고 보았기에 선택의 박탈은 곧 존재의 침식이다. 인공지능 시대의 실존은 기술을 수용하되 주체적으로 재해석할 수 있는 인간의 태도에 달려 있다. 사르트르가 말한 실존의 윤리는 기술에 함몰되지 않고 선택의 자유와 책임을 끝까지 포기하지 않는 데 있다. 인간이 어떤 존재가 될지는 여전히 인간의 선택에 달려 있다.

사르트르의 실존주의는 경영학이다

실존주의는 단지 존재론적 선언이 아니다. 그것은 기업이 혼란의 시대에 어떻게 방향을 설정하고, 무엇을 선택하며, 어떤 방식으로 존재할 것인가에 대한 구체적인 사유 도구가 된다. 특히 사르트르의 사상은 오늘날 경영자와 조직이 마주한 딜레마를 다음의 네 가지 핵심 개념을 통해 깊이 있게 비춰준다.

첫째, 전략은 반응이 아니라 해석이다.

모든 조직은 불확실한 시장, 복잡한 제도, 제한된 자본이라는 외부 환경 속에 던져져 있다. 사르트르는 말한다. "인간은 자기 자신에 대한 계획을 실현하는 존재다." 이는 인간이 단지 생존하는 존재가 아니라 주어진 조건 속에서도 스스로를 기획하고 실현하는 능동적 존재임을 뜻한다.

기업도 마찬가지다. 시장의 규칙이나 자본의 구조가 기업의 운명을 결정하지 않는다. 중요한 것은 그 조건 위에서 무엇을 선택하고, 어떤 방향을 기획하며, 어떻게 실현하느냐이다. 실존주의적 관점에서 경영전략은 반응이 아니라 해석이다. 던져진 조건은 통제할 수 없지만 그 위에서 무엇을 가능성으로 만들지는 오롯이 조직의 선택에 달려 있다. 이러한 사유는 위기를 기회로 전환하는 존재론적 전략의 핵심이다.

둘째, 리더는 정답을 제시하는 존재가 아니라 결단의 주체다.

사르트르는 인간이 자유롭기 때문에 반드시 불안을 경험

한다고 말했다. 선택의 자유는 기회인 동시에 고통이다. 우리는 매 순간 결정해야 하며, 그 결과에 책임져야 한다. 리더에게 이 불안은 더욱 생생하게 다가온다. 불확실성은 증가하고 예측 가능한 미래는 사라지고 있다. 그럼에도 리더는 멈출 수도 없고 멈춰서도 안 된다.

사르트르는 "불안은 무능의 증거가 아니라 자유의 증거다."라고 말했다. 이 말은 리더가 느끼는 불안과 책임의 무게를 다르게 해석하게 만든다. 리더십은 정답을 제시하는 기술이 아니라 불완전한 조건 속에서도 결단을 내리는 실존의 용기다. 실존주의는 리더의 불안을 회피해야 할 약점이 아니라 의미 있는 실존의 징후로 전환시킨다. 이는 리더십을 심리적 부담이 아닌 존재론적 소명으로 다시 정의하게 만든다.

셋째, 우리는 '보여진다'는 사실로 존재한다.

사르트르는 인간이 타자의 시선을 통해 대상화되고, 동시에 그 시선에 반응하며 존재한다고 보았다. 우리는 홀로 존재하는 것이 아니라 끊임없이 타인의 인식 속에서 정체성을 구성한다. 기업 역시 마찬가지다. 브랜드는 고객의 인식 속에서 살아 있고 조직의 문화는 구성원 간의 시선과 해석 속에서 형성된다. 오늘날 경영은 내부의 논리만으로 설명되지 않는다. 외부의 기대, 사회적 맥락, 고객과 이해관계자의 눈높이가 조직의 방향성과 정체성을 결정짓는 본질적인 요인이 되고 있다.

따라서 리더십과 커뮤니케이션, 조직문화 설계, 브랜드 전략등은 '어떻게 보이는가?'라는 이미지 관리 수준을 넘어 타자의 시선을 자각하는 실존적 태도 위에서 다시 설계되어야 한다. 이때 사르트르의 통찰은 단순한 마케팅 전략을 넘어 조직 정체성의 윤리와 철학을 구성하는 데 강력한 사유 기반이 된다.

넷째, 직원의 자율성과 성장은 조직 존재의 근본 토대다.

사르트르는 인간을 무엇보다 자유로운 존재로 규정했다. 그 자유란 단순한 방임이나 무책임을 의미하지 않는다. 오히려 자신의 선택에 책임을 지는 자기실현의 자유다. 인간은 스스로의 잠재력을 발견하고, 이를 구체적으로 구현해 나갈 때 비로소 진정한 의미의 존재감을 경험한다. 21세기 경영환경에서 경영자의 가장 중요한 과제 중 하나는 직원을 단순히 조직의 부품이나 자원으로 보는 데서 벗어나 그들의 자유로운 선택과 성장을 존중하며 적극적으로 지원하는 일이다. 이는 창의성과 혁신을 촉진하는 토양이 되며, 자율성과 책임이 조화된 건강한 조직문화를 만드는 데 필수적이다.

사르트르의 관점에서 볼 때, 직원 한 사람 한 사람은 자신만의 가능성과 의미를 향해 '되어가는 존재'다. 경영자는 그들의 자유로운 실존을 억압하거나 제한하는 대신 개개인이 스스로 의미를 창출할 수 있도록 환경을 조성하는 조력자여야 한다. 이처럼 자유와 성장에 대한 실존적 인식은 단순한 동기부여 수단이나 인사 정책을 넘어 조직 존재의 깊은 철학적 근거이자 경쟁력의 원천이 된다.

  사르트르의 실존주의는 변화와 불확실성이 상수인 시대에 기업이 무엇을 기준으로 선택하고, 어떤 존재로서 자신을 정의할 것인가를 사유하는 철학적 프레임이다. 실존주의는 경영을 다시 삶의 문제로 되돌려 놓는다. 조직은 생존이 아니라 실존해야 한다. 그리고 사르트르의 철학은 그 실존의 조건을 이해하고 실천하기 위한 강력한 사유의 무기다.

  이 책은 사르트르의 삶과 실존주의 철학을 통해 오늘날 경영이 처한 난제를 바라보고, 그 속에서 조직과 리더가 어떻게 자기 자신을 재발견하고 재구성할 수 있는지 깊이 있는 통찰과 실천적 방향을 제시한다. 그의 철학은 단순히 이론적 유산을 넘어 현대 시대의 경영자와 리더들에게 행동과 선택의 용기를 불어넣는 중요한 나침반이 될 것이다.

정인호

2장
리더는 불편한 진실 앞에서 침묵하지 않는다

Sartre
Business

1장

원칙은
지켜야 할 이유가
분명해야 한다

"이불변 응만변 以不變 應萬變 ,
내 안의 변하지 않는 원칙으로 만변하는.
세상에 대응한다."
_호찌민

"이불변 응만변 以不變 應萬變 ,
내 안의 변하지 않는 원칙으로 만변하는.
세상에 대응한다."
_호찌민

작가는 제도 속에
들어가는 순간,
더 이상 자유롭지 않다

"작가는 제도 속에 들어가는 순간, 더 이상 자유롭지 않다."

이것은 장 폴 사르트르가 1964년 프랑스 언론과의 인터뷰에서 한 말이다.

1964년 가을, 노벨문학상 수상자 발표 직후 세계는 큰 충격에 휩싸였다. 스웨덴 한림원은 프랑스의 철학자이자 작가인 장 폴 사르트르에게 노벨문학상을 수여하기로 결정했지만 그는 이를 공식적으로 거부한 것이다. 당시 이 파격적인 선언은 단순한 수상 거부 이상의 파장을 불러일으켰다. 오늘날까지도 노벨상을 받는 것이 한 국가의 자부심처럼 여겨지는 현실 속에서 사르트르의 선택은 무엇을 시사하는가? 그는 노벨문학상뿐만 아니라 프랑스 최고 훈장, 명문대 교수직 등 국가가 부여하는 모든 영예를 거부해 왔다. 그것은 단지 겸손이나 개인적 취향 때문이 아니었다.

그렇다면 사르트르는 왜 노벨문학상을 거부했을까? 사르트르의 수상 거부에는 그가 평생 지켜온 강력한 철학적 원칙이 자리 잡고 있었다. 그는 문학을, 작가를, 그리고 지식인을 특정한 틀에 가두는 모든 제도적 기제를 경계했고, 노벨상조차 그 예외일 수 없었다. 사르트르는 무엇보다 작가의 제도화를 경계했다. 그는 한 사람이 상을 수상하는 순간, 그 사람은 더 이상 온전히 자유로운 개인이 아니라 어떤 체제에 의해 공식적으로 정의된 인물이 된다고 생각했다.

상은 작품과 사유를 고정시키며 작가를 기념비적 존재로 박제한다. 그는 스스로를 아직 쓰고 있는 사람, 진행 중인 사유의 주체로 인식했고, 외부로부터의 정의를 거부했다. "한 번 상을 받으면, 사람들은 나를 있는 그대로 보지 않고, 상이 부여한 이미지로 보기 시작한다." 이는 실존주의 철학자답게 자유롭고 자율적인 존재로 살고자 한 그의 원칙에 기반한 결정이었다.

사르트르에게 문학은 단순한 미적 표현이 아니라 세상과의 적극적 관계 맺기였다. 그는 문학을 통해 인간의 자유, 억압, 선택, 책임을 이야기했고, 알제리 독립운동과 베트남전 반대 등 구체적인 사회적 실천에도 적극 참여했다. 그에게 있어 노벨상은 문학의 실천성을 약화시키는 완결의 상징이었다. 상은 작가를 과거의 인물로 박제하며 문학을 기념물로 만든다. 그러나 그는 아직도 글을 쓰고 있었고 투쟁 중이었기에 어떤 형태로든 완성이라는 외적 평가를 받아들일 수 없었다.

사르트르는 지식인이 어떤 국가 권력과도 거리를 두어야한다고 주장했다. 노벨상은 단순한 문학상이 아니라 스웨덴 왕립 한림원이라는 서구 제도 기관이 수여하는 정치적 의미를 가진 영예다. 그는 특히 제국주의와 식민주의를 반대하는 활동에 헌신해왔기 때문에 서구 중심의 상징체계로부터 상을 받는 것은 자신의 정치적 입장과 충돌한다고 보았다. "나는 어떤 정부로부터도 영예를 받지 않기로 오래전부터 결정해왔다." 그의 선택은 철학적 사유의 일관성이 아니라면 결코 설명될 수 없다. 권위 있는 상 하나쯤 받아도 될 법한 순간에조차 그는 자신의 철학적 원칙과 정치적 신념에 한 치의 타협도 허락하지 않았다.

사르트르는 노벨상을 거부함으로써 오히려 그 상의 의미를 더 선명하게 드러냈나. 그는 상의 가치를 부정한 것이 아니라 그 상이 자신에게 부여하려는 위치와 해석을 거부한 것이다. 그의 거부는 반골적 기행이 아니라 철저히 사유된 행위였다. 철학과 문학, 정치적 실천을 일치시키고자 했던 그의 일관성은 수상의 영광보다 더 크고 깊은 울림을 남겼다.

말이 아닌 삶으로 증명한 원칙

나는 한 번 베트남 하노이에 있는 호찌민 묘소를 찾은 적이 있다. 평일 오전이었지만 그의 시신을 보기 위해 늘어선 행렬은 1km를 훌쩍 넘겼다. 무려 반세기 전에 세상을 떠난 지도자 앞에서 사람들이 고개를 숙이는 광경은 놀랍고도 깊은 인상을 남겼다. 과연 무엇이 이토록 오랜 세월이 지나도록 사람들을 그의 앞에 서게 만드는 걸까?

1946년 3월, 제2차 세계대전 직후의 베트남. 식민종주국이었던 프랑스는 다시 베트남의 지배를 시도했고 베트남 독립동맹 **베트민**을 이끌던 호찌민은 뜻밖에도 프랑스와 협정을 체결한다. 그 내용은 베트남이 프랑스연합 내 인도차이나 연방의 일원으로서 제한된 자치를 인정받는다는 것이었다. 이는 완전한 독립을 염원하던 대중의 기대를 저버리는 결정이었고 여론은 들끓었다. '반역자越奸'라는 낙인이 찍히며, 호찌민의 리더십은 위기에 봉착했다. 그러나 이 결정을 단순한 굴욕으로 읽는 것은 표면적인 판단일 뿐이다. 그 속에는 치밀한 전략적 사고와 역사적 통찰이 깃들어 있었다.

당시 베트남 북부에는 일본군 무장해제를 구실로 중국 국민당군이 진주해 있었다. 호찌민은 프랑스의 식민 지배도 견디기 힘든 일이었지만 그보다 더 오래되고 근본적인 위협은 중국의 영향력이라고 판단했다. 그는 "평생 중국인의 똥을 먹는 것보다는 프랑스인의 똥 냄새를 잠시 맡는 것이 낫다.”고 말하며 전략적 판단을 내린다. 프랑스는 결국 떠날 수밖에 없지만 중국은 그렇지 않다고 본 것이다. 이때 호찌민이 내세운 철학이 바로 '이불변 응만변以不變 應萬變'이었다. '변하지 않는 한 가지의 원칙으로 만 가지 변화를 대응한다'는 이 사상은 혼란과 격변의 시대 속에서도 결코 양보할 수 없는 중심 가치를 지키되, 방법론에서는 철저히 유연하게 대응해야 한다는 현실주의 철학이다.

'이불변 응만변'은 단지 정치적 수사도, 전술적 문구도 아니다. 동아시아 사상의 정수인《주역》에서 유래한 이 개념은 '변變'이라는 원리를 중심에 둔다. 호찌민은 이 원리를 민족 해방 운동에 적용했다. 그는 공산주의자가 되었지만 그것은 이념의 순결성 때문이 아니었다. 당시 제국주의 문제를 가장 진지하게 다룬 인물이 레닌이었기에, 그는 현실적으로 공산주의 노선을 택한 것이다. 목적은 단 하나, 민족 독립. 그 목적만은 결코 변하지 않았다.

결국 프랑스는 협정을 깼고 호찌민은 다시 무장 투쟁을 선언한다. 디엔비엔푸 전투에서의 승리는 단순한 전쟁의 승리를 넘어, 변하지 않는 원칙을 끝까지 지켜낸 결과였다. 1954년, 베트남은 프랑스를 몰아내고 독립을 쟁취한다. 일시적으로는 굴욕이라 비난받았던 그의 전략이 결국에는 시대를 앞선 리더십으로 평가받게 되는 순간이었다.

호찌민의 리더십은 전쟁에서만 드러나지 않았다. 그는 말보다 실천으로 신념을 보여준 지도자였다. 국가 주석의 자리에 있으면서도 사적 권력을 누리지 않았고, 주석궁 대신 정원사의 오두막에서 살았다. 반찬이 세 가지를 넘으면 요리사를 꾸짖었고, 생전에는 자신의 동상, 박물관, 평전 집필까지도 금지했다. 죽을 때조차도 "화장 후 유골을 전국에 뿌려 민중과 함께하라"고 유언했다. "국민이 고통받을 때 지도자가 호화롭게 살아서는 안 된다"는 신념을 삶 전체로 실천한 것이다.

'이불변 응만변'은 단순히 하나의 슬로건이 아니다. 그것은 호찌민 개인의 리더십 철학이자, 전쟁과 평화, 폐쇄와 개방을 아우르는 국가 통치 전략이었다. 미국과의 전쟁, 통일 과정, 그리고 이후의 개혁·개방까지, 이 원칙은 정책 유연성의 근간이 되었고, 동시에 민족 독립이라는 중심 가치를 지키는 지침이 되었다.

원칙은 철학이자 약속이다

지금의 경영환경은 그 어느 때보다 복잡하고 불확실하다. AI 혁신, ESG 경영, 윤리적 소비, 지속가능성, 다양성·형평성·포용성 DE&I 등 수많은 가치와 요구가 기업을 둘러싸고 있다. 기술의 진보는 상상을 초월한 속도로 비즈니스 모델을 재편하고 있고, 사회는 점점 더 도덕적 기준과 책임 있는 행동을 요구한다. 소비자는 이제 제품의 품질뿐 아니라 그것이 만들어지고 유통

되는 방식, 그에 따른 사회적 영향까지 주목한다. 투자자는 숫자만이 아니라 기업의 존재 이유를 묻고, 구성원은 단순한 생계가 아니라 의미 있는 일을 추구한다.

이처럼 기업은 점점 더 많은 가치를 지켜야만 하는 것을 요구받는다. 하지만 이 수많은 원칙과 신념들은 종종 선언으로만 소비되고, 현실에서는 충돌하거나 후퇴하곤 한다. 바로 이 지점에서 진정한 원칙이란 무엇인가를 묻지 않을 수 없다. 과연 우리는 어떤 기준으로 기업의 신념이 진짜인지 아닌지를 판단할 수 있을까? 사르트르와 호찌민의 사례에서 우리는 세 가지 기준을 끌어낼 수 있다.

첫째, 원칙은 지켜야 할 이유가 분명해야 한다.

사르트르는 자유를, 호찌민은 민족 해방을 자신의 삶을 통해 증명하고자 했다. 이들은 특정한 원칙을 관철하기 위해 불리한 선택을 마다하지 않았다. 기업도 마찬가지다. 원칙은 단지 선언문에 적는 미사여구가 아니라 기업이 왜 존재하는가에 대한 철학적 응답이다.

예컨대, 미국의 아웃도어 브랜드 파타고니아Patagonia는 '환경 보호'를 기업 존재의 핵심 원칙으로 삼았다. 단순히 친환경 제품을 만드는 것을 넘어, 기후변화 대응을 위한 정치적 활동에 적극 참여하며 때로는 단기 매출 감소도 감수했다. 파타고니아는 2011년 한 해 동안 전 세계 매출의 1퍼센트를 환경 보호 단체에 기부하고, 2018년에는 기업 자체를 환경 보호 신탁으로 전환해 경영 이익의 대부분을 환경 보전에 재투자한다는 결정을 내렸다. 이처럼 지켜야 할 이유가 분명한 원칙은 기업이 외부 압력과 단기성과에 흔들리지 않고 지속가능한 길을 걷게 한다.

이 과정에서 주목할 점은 진정한 원칙은 단순히 이익을 극대화하는 데 도움이 되는 전략적 선택이 아니라, 때로는 단기적 손실이나 경쟁상의 불리함을 감수하면서도 지켜져야 한다는 사실이다. 기업이 원칙을 포기하고 손쉬운 길을 택하면 일시적으로는 성과를 낼 수 있지만 장기적으로는 신뢰와 브랜드 가치가 훼손되고, 결국 존립 자체를 위협받는다. 반면, 원칙을 견지함으로써 신뢰와 존중을 쌓는 기업은 변화하는 시장 환경에서도 지속가능한 경쟁력을 확보한다.

이러한 원칙의 견지는 조직 내부의 관계에도 결정적인 영향을 미친다. 모든 사람이 오로지 자기만족만을 위해 일하는 것은 아니다. 우리는 각자 소중하게 여기는 가치가 있으며, 조직 내에서 어떤 관계를 맺고 어떤 의미를 공유하고 싶은지에 대해 분명한 기준을 가지고 있다. 이러한 가치관은 조직의 공동체적 성격을 형성하는 핵심이 된다. 따라서 경영진과 직원 모두가 무엇이 중요한지에 대해 기본적인 견해를 공유하고 있어야 하며, 이 중한 번 설정된 원칙은 결코 타협해서는 안 되는 것임을 인식해야한다.

물론 현실에서는 다양한 의견 차이와 충돌, 그리고 협상의 여지가 발생할 수밖에 없다. 하지만 진정으로 건강한 조직은 모두가 동의하는 것보다 어떤 것은 타협할 수 없다는 공통의 인식을 갖는 데서 시작된다. 조직의 핵심 가치, 공동체에 대한 헌신, 그리고 높은 수준의 윤리적 기준과 행동 원칙은 단순히 규칙이 아니라 공동체의 약속으로 작동해야 한다. 이러한 약속이 무너지면 구성원들은 조직에 대한 신뢰를 잃고, 관계는 거래적이고 단기적인 수준에 머무르게 된다.

둘째, 원칙은 일관성을 가져야 한다.

호찌민은 상황에 따라 전략을 바꾸되, 민족 해방이라는 불변의 원칙을 결코 양보하지 않았다. 사르트르 역시 생전에 한 번도 어떤 제도나 정부로부터의 영예를 받아들이지 않았다. 원칙이란 단 한 번의 선택이 아니라 반복되는 유혹 앞에서 끊임없이 내려야 하는 선택이다.

기업 역시 장기적으로 원칙을 일관되게 지켜야만 신뢰를 얻는다. 유나이티드항공이 고객 폭행 사건 후 대중의 신뢰를 잃은 것은 위기 상황에서 '고객중심'이라는 표방한 원칙과 정반대의 행동을 했기 때문이다. 반면, 존 루이스 파트너십 John Lewis Partnership 은 100년이 넘는 시간 동안 '직원 공동소유'라는 원칙을 유지하며, 경기침체나 비용 압박 속에서도 인력 구조조정을 최소화했다. 이 원칙이 단지 좋아 보이는 철학이 아니라 실제 의사결정의 기준이 되어왔기에, 고객과 시장의 존경을 받을 수 있었던 것이다.

셋째, 원칙은 반드시 행동으로 증명되어야 한다.

사르트르는 노벨문학상을 거부하며 철학적 원칙을 말이 아닌 행동으로 보여주었다. 호찌민 역시 고위 지도자임에도 사치와 권력을 멀리하며 삶 자체로 리더십 철학을 증명했다. 원칙은 결국 행위로 귀결되어야 한다. 말보다 강한 메시지는 존재하지 않는다.

기업이 진정한 원칙을 지닌 조직인가를 가늠하는 유일한 기준은 위기 속에서 어떤 행동을 선택했는가이다. 이케아는 러시아의 우크라이나 침공 이후 대규모 시장 손실을 감수하고 러시아 철수를 결정했다. 이는 단순한 정치적 제스처가 아니었다. 그들은 오랜 시간 '인간존중'과 '책임 있는 경영'을 강조해왔고, 이를 행동으로 보여준 것이다. 또한 제품의 평등한 가격 정책, 노동자 권리 보장 등 이케아의 실천은 '사람을 위한 가구 기업'이라는 정체성을 구체화해왔다. 반대로 노동 착취나 환경 파괴 논란에도 불구하고 아무런 구조적 개선 없이 형식적 대응에 그치는 기업은 결국 원칙이 아니라 이미지 관리에 충실한 것이다.

영국과 네덜란드에 본사를 둔 다국적 소비재 기업 유니레버 Unilever는 '지속가능한 생활'을 기업 미션으로 내걸고 제품 포장재 감축, 재생 에너지 전환, 공정 무역 원칙 준수 등 구체적이고 측정 가능한 행동을 지속적으로 발표해 왔다. 이런 실천 없이는 원칙은 단순히 그럴싸한 구호에 불과하다. 행동이 없으면 소비자와 투자자들은 금세 냉소적으로 반응하며 기업 신뢰는 무너진다.

오늘날 우리는 수많은 미사여구가 넘치는 시대에 살고 있다. 누구나 '고객 중심', '지속가능성', '윤리 경영'을 말하지만 그것이 진짜 원칙인지, 혹은 일시적 전시용인지 묻지 않을 수 없다. 진정한 원칙이란 때로는 불리한 결정을 감수하고 대중의 비난 속에서도 선택을 반복할 수 있는 철학이다.

사르트르가 우리에게 보여준 것은 바로 그런 원칙의 본질이다. 바로 원칙의 본질은 말이 아니라 실천에 있다는 것이다. 말로 선언된 원칙보다 실제 선택이 더 중요하고 개인의 선택보다 이를 가능하게 하거나 제약하는 구조가 더 결정적이다. 기업의 철학 역시 선언문이나 미사여구가 아닌 조직의 구조, 행동의 우선순위, 그리고 위기의 순간에 드러나는 실제 결정 속에서 비로소 그 실체를 드러낸다. 지속가능한 리더십과 진정한 조직의 힘은 원칙이 말이 아닌 삶의 방식으로 구현될 때 비로소 시작된다.

실존은
본질에 앞선다

사르트르 철학의 중심에는 단 한 문장으로 요약되는 급진적인 명제가 자리한다. "실존은 본질에 앞선다 Existence precedes essence." 이 명제는 인간존재에 대한 기존의 철학적 전제를 전복하는 선언이었다. 사르트르 이전의 전통 철학, 특히 종교적·본질주의적 관점은 인간을 특정한 본질을 지닌 존재로 간주해 왔다. 인간은 이성적 존재이며, 신의 형상을 따라 만들어졌고, 어떤 고유한 목적이나 역할을 수행해야 한다는 것이다. 이처럼 본질이 선행한다는 전제는 인간이 어떤 규범에 따라 '되어야 할 존재'로 규정된다는 사유 구조를 낳았다.

이러한 사유 방식은 인간 이전에 '도구적 존재'를 통해 명확히 드러난다. 예컨대, 칼이나 종이와 같은 사물은 특정한 목적을 수행하기 위해 만들어진 것이며, 그 목적이 곧 그 사물의 본질이다. 칼은 자르기 위해 존재하며, 종이는 글을 쓰기 위해 존재한다. 이 경우에는 본질이 실존에 앞선다. 다시 말해 그것이 존재하기 전부터 무엇을 위한 것인지, 어떤 용도를 가졌는지가 이미 결정되어 있다. 사르트르는 전통 철학이 인간에 대해서도 이와 같은 방식으로 접근했다고 비판한다. 인간 또한 신의 계획이나 사회적 역할에 따라 '이러해야 한다'는 본질이 미리 주어진 존재로 간주되어 왔다는 것이다.

그러나 사르트르는 이러한 관점을 정면으로 거부한다. 인간은 어떤 고정된 본질도 없이 먼저 존재하며, 그 이후에 자신의 삶을 선택하고 그 선택의 결과로 자신의 본질을 만들어간다. 다시 말해 인간은 미리 주어진 존재가 아니라 스스로를 창조해가는 주체다.

이러한 사유는 1938년에 발표된 작품《구토》에서 구체적으로 드러난다. 작품의 배경인 부빌이라는 도시의 부르주아들, 혹은 《어느 지도자의 유년 시절》에 등장하는 뤼시앵은 모두 자신들이 이 세계에 존재할 자격이 태어나기 전부터 확보되어 있다고 믿는다. 이들은 사회적 질서와 계급 속에서 이미 자리를 부여받은 존재처럼 살아간다. 사르트르는 이러한 태도를 '자기기만'이라 부르며, 존재의 진실을 외면하는 기만적 형태로 강하게 비판한다.

사르트르의 "실존은 본질에 앞선다"는 명제는 단순한 이론이 아니라 인간 존재에 대한 전면적 재해석이다. 인간은 태어날 때부터 어떤 목적이나 본질을 갖고 있지 않다. 그러므로 우리는 외부로부터 강요된 역할, 전통, 제도, 신념에 의해 규정되지 않는다. 인간은 스스로 선택하고 그 선택에 따라 자기 자신을 구성한다. 이러한 사유는 인간을 능동적 존재로 바라보는 동시에 고정된 정체성을 거부하는 철학적 근거가 된다. 인간은 항상 무엇이 되어가는 중이며, 완결된 존재가 아니다.

사르트르는 인간을 철저히 자유로운 존재로 봤다. 신의 계획도, 절대적 진리도, 역사적 필연성도 인간의 삶을 정해주지 않는다. 인간은 자유롭게 태어났고 매 순간 스스로 결정하고 선택해야 하며, 그 선택에 전적인 책임을 져야 한다. 이때의 자유는 단순한 해방이 아니라 무거운 윤리적 짐을 동반한다. 인간은 단지 자유롭게 살 수 있는 존재가 아니라 자유롭게 살아야만 하는 존재다. 선택하지 않음조차 하나의 선택이며, 우리는 그 선택의 결과에 대해 회피할 수 없는 책임을 지게 된다.

많은 이들이 실존주의를 허무주의로 오해한다. 외부의 절대적 기준이 없다면 삶에 의미가 없다고 생각하기 때문이다. 하지만 사르트르의 철학은 그 반대다. 의미는 외부에서 주어지는 것이 아니라 우리 스스로 만들어가는 것이다. 따라서 실존주의는 무책임이나 무의미를 옹호하는 철학이 아니라 오히려 삶에 대한 가장 엄격한 책임 윤리를 요구한다.

사르트르에게 인간은 자기 삶의 창조자다. 우리는 스스로를 규정하고 우리 삶의 의미를 새겨나가는 작가적 존재다. 그는 인간을 정의된 존재가 아니라 자기를 정의하는 존재로 본다. 이러한 입장은 자기기만을 철저히 경계하며, 인간의 가능성과 자율성을 최대한 긍정하는 사유로 이어진다.

인재상의 환상

인사관리 HR의 전통적 패러다임은 적합한 사람을 찾는 데 집중되어 있었다. 기업은 직무별로 필요한 역량, 성향, 자격 요건을 미리 설정해두고 그에 부합하는 인재를 채용하거나 육성해 왔다. 인재는 마치 정답이 있는 퍼즐처럼 특정한 자리에 끼워 맞춰야 할 대상으로 취급되었다. MBTI, DISC, 에니어그램과 같은 성격 유형 검사, 핵심역량 평가표, 적성 분석 도구 등이 이를 뒷받침하는 대표적 장치다. "이 사람은 외향적이라 영업이 맞고, 저 사람은 내향적이라 전략기획이 맞다.", "그는 MBTI가 J니까 체계적인 일을 시키자." 이런 식의 접근은 사람을 파악하고 정의하며, 적재적소에 배치하는 데 유용한 도구로 간주되었다.

그러나 이런 접근에는 묵시적인 전제가 깔려 있다. 바로 '사람은 본질을 가진 존재'라는 믿음이다. 즉, 각 개인은 고정된 성격과 잠재력을 갖고 있으며, 그 틀 안에서만 성장하고 성공할 수 있다는 사고방식이다. 인재는 사전에 규정할 수 있으며, 그 정의에 따라 선발·배치·관리할 수 있다는 가정 위에 HR 시스템이 구축되어 왔다.

그러나 사르트르는 이 전제에 정면으로 반기를 든다. 인간은 태어날 때부터 어떤 본질이나 목적을 갖고 있지 않으며 존재하면서 스스로를 정의해가는 존재다. 다시 말해 인간은 살아가며, 선택하며, 행동하면서 자신이 누구인지를 구성해간다. 이러한 관점에서 보면 인재를 사전 정의된 틀에 맞추는 시도는 인간의 가능성을 지나치게 축소하는 셈이다. 어떤 사람의 현재 상태나 성향을 근거로 그의 역할이나 한계를 규정하는 것은 실존주의 철학의 입장에서 보면 존재에 대한 억압인 것이다.

실존주의적 관점에서 HR은 더 이상 적합한 인재를 찾는 것이 목표가 아니다. 대신에 중요한 것은 사람이 자신만의 의미를 창조할 수 있도록 구조를 설계하는 일이다. 이 구조는 다음과 같은 특징을 가지면 조직 내에서 실현되어야 한다.

▶ 직무를 고정된 일의 묶음이 아니라 개인이 도전하고 재정의할 수 있는 열린 구조로 제시한다.

▶ MBTI와 같은 성격 유형이나 경력보다 중요한 것은 개인이 자신의 역할과 방향을 주체적으로 선택할 수 있는 기회를 갖는 것이다.

▶ 현재의 상태보다 미래에 얼마든지 변화할 수 있는 가능성에 주목

한다.

▶ 실패를 용인하고 그것을 자원으로 삼는다.

일본의 전기회사 미라이 공업은 채용 시 이력서조차 받지 않는다. 학력, 경력, 전공, 심지어 전형적인 면접도 없다. 대신 입사한 직원이 다양한 업무를 경험하면서 스스로 자신의 역할을 찾아가도록 한다. 회사는 사람을 정의하지 않으며, 직원 스스로가 자신의 일과 정체성을 정의하게 돕는 구조를 만든 것이다. 창립자 야마다 사토시는 말한다. "누구에게도 리더라는 직함을 붙이지 않지만 누구나 리더가 될 수 있다." 이 조직에서는 정해진 인재상이 존재하지 않는다. 존재하면서, 일하면서, 구성원들은 '무엇이 되어가는 중'이다.

넷플릭스는 "우리는 가족이 아니라 팀이다."라고 말한다. 이 말은 조직이 개인에게 안전한 안식처가 되기보다는 각자의 능력과 책임이 존중되는 실존적 공간이어야 한다는 메시지를 담고 있다. 구성원은 수동적으로 보호받는 존재가 아니라 스스로 선택하고 정의해야 할 자기 역할을 가진 사람이다. 넷플릭스는 개인이 '어떤 사람이냐'보다 그가 '무엇을 만들었고, 무엇이 되려 하는가'에 주목한다. 실존주의 HR이 지향하는 핵심은 바로 여기에 있다.

구글의 '아리스토텔레스 프로젝트'는 팀 성과의 핵심 요인으로 심리적 안정성을 꼽는다. 이때 리더의 역할은 통제자가 아니라 구성원이 자기 목소리를 낼 수 있도록 무대를 열어주는 조력자다. 다시 말해, 의미와 정체성을 외부에서 주입하지 않고 개인이 구성하도록 환경을 조성하는 것이 HR의 본질임을 보여주는 사례다.

여러 사례에서 보듯 실존주의 HR이 지향하는 인재상은 고정된 역량을 갖춘 사람이 아니다. 자기 자신을 계속 재정의할 수 있는 사람, 불확실한 상황 속에서 의미를 스스로 만들어내는 사람, 선택의 결과에 대해 책임질 수 있는 사람, 고정된 본질이 아닌 과정과 가능성으로 살아가는 사람이다. 여기서 HR은 더 이상 human resource 인적 자원 가 아니라 human realization 인간 실현 의 의미로 확장되어야 한다.

그렇다면 경영자는 어떤 역할을 해야 할까? 전통적인 HR의 경영자는 적합한 인재를 찾아내고 배치하는 통제자였다. 그러나 실존주의 HR이 요구하는 경영자는 전혀 다른 존재다. 경영자는 선발자가 아니다. 의미를 주입하는 설계자도 아니다. 경영자는 무대를 만드는 사람이다. 사람은 존재하면서 의미를 만든다. 따라서 HR이 할 일은 그 존재가 가능성을 펼치고 자기 자신을 형성할 수 있도록 구조를 여는 일이다. 이것이 실존주의가 오늘날 HR에 던지는 가장 강력한 제언이다.

정해진 리더는 없다

리더십 담론은 오랫동안 '정답이 있는 모델'이라는 환상에 사로잡혀 있었다. "좋은 리더란 어떤 사람인가?"라는 질문은 흔히 위대한 인물의 성격, 행동 방식, 결정 스타일, 가치관 등을 도식화하는 방식으로 이어졌고, 이는 결국 몇 가지 유형화된 모범 모델로 수렴되곤 했다.

리더십 이론은 이를 여러 유형으로 나누어 설명해 왔다. 카리스마형, 민주형, 거래형, 변혁형, 서번트형 등 다양한 이론들은 마치 리더십이 몇 가지 정형화된 틀 속에 존재하고, 그중 하나를 모범 답안처럼 선택하고 내면화하면 되는 것처럼 제시된다. 이러한 접근은 교육 현장에서도 그대로 복제된다. 많은 리더십 교육프로그램은 특정한 리더십 유형을 암기하도록 하고, 이상적인 리더의 자질을 체크리스트화하며, 마치 객관식 문제의 정답을 외우듯 리더십을 가르친다.

예컨대 "당신은 어떤 리더십 유형에 가까운가?"라는 테스트는 개인의 성향을 기존 모델 중 하나로 끼워 맞추려는 전형적 사례다. 그러나 이런 접근은 근본적인 질문을 간과한다. "리더는 정해진 모델을 따라야 하는 존재인가, 아니면 자기 자신을 끊임없이 구성해가는 존재인가?"

사르트르의 "실존은 본질에 앞선다."는 선언은 인간에게는 어떤 선천적 본질도 주어져 있지 않으며, 자신의 선택과 행동을 통해 자기 자신이 누구인지를 만들어가는 존재라는 의미다. 이 철학은 리더십에 전혀 다른 시선을 제시한다. 리더는 본질적으로 존재하는 것이 아니라 행동 속에서 구성되는 정체성이다. 즉, 리더십은 특정한 성향이나 자질의 소유 여부가 아니라 상황 속에서 자신이 내리는 선택과 그에 대한 책임을 어떻게 감당하느냐의 문제다. 이 관점에서 리더십은 하나의 완성된 특성이 아니라 진행 중인 실존적 과정이 된다.

기존 리더십 이론은 대체로 예측 가능하고 통제 가능한 환경을 전제로 삼았다. 그러나 오늘날의 조직 환경은 전혀 다르다. 기술은 빠르게 변화하고, 시장은 불확실하며, 구성원들은 획일적인 경영방식에 저항한다. 이러한 조건에서 리더는 더 이상 정답을 가진 사람이 아니라 상황에 따라 끊임없이 방향을 재조정하고, 팀과 함께 실험적으로 문제를 탐색하는 존재가 되어야 한다.

이런 리더십의 변화를 보여주는 대표적 사례가 스웨덴의 세계 최대 음원 스트리밍 플랫폼 스포티파이 Spotify 의 스쿼드 Squad 체계다. 스포티파이는 기존의 위계적 매니저 구조를 버리고 작은 자율적 팀들이 독립적으로 의사결정하도록 설계했다. 여기서 리더는 공식적인 지위보다 상황을 읽고 조율하는 실천의 주체로 기능한다. 고정된 성격이나 리더십 스타일보다 상황에 맞는 판단과 팀의 참여를 끌어내는 능력이 핵심이 된다. 이것은 리더십을 고정된 정체성이 아니라 관계 속에서 끊임없이 재구성되는 실존적 실천으로 본다.

　실존주의적 리더십은 자기기만을 경계한다. "나는 원래 이런 사람이니까", "이건 내 성격에 안 맞아" 이는 리더가 변화와 선택의 가능성을 스스로 제한하고 고정된 자아 뒤에 숨으려는 태도다. 사르트르는 이를 두고 "자기기만은 가장 비도덕적인 태도다."라고 단언했다. 자기기만은 존재의 자유를 부정하고, 자신에게 주어진 선택의 책임을 회피하려는 시도이기 때문이다. 리더십의 맥락에서도 마찬가지다. 진정한 리더는 자신의 고정된 성격이나 기존의 리더십 모델 뒤에 숨지 않는다. 오히려 그는 새로운 상황 앞에서 다시 선택하고, 그 결과에 책임지며, 그 선택의 연속을 통해 자기 자신을 재구성하는 존재다. 결국, 리더십이란 기술이 아니라 끊임없는 자기 형성과 책임의 실천이다.

인생은
B와 D사이의 C다

사르트르는 철학적 에세이 《실존주의는 휴머니즘이다》에서 "우리는 스스로를 선택함으로써 동시에 인간 전체를 선택하는 것이다."라고 강조했다. 언뜻 보기에는 지나치게 과장된 주장처럼 보일 수 있다. 단지 한 개인의 선택이 어떻게 인간 전체를 대신한 선택이 될 수 있다는 말인가? 그러나 이 문장의 진의를 이해하기 위해서는 사르트르가 말하는 선택이 일상적이고 소소한 결정들을 의미하지 않는다는 점을 분명히 할 필요가 있다.

그에게 있어 선택이란 단순히 아침에 무엇을 먹을지, 이 직장에 갈지 말지, A회사에 주식을 투자할지 말지와 같이 고민하는 차원이 아니다. 그것은 내가 어떤 인간이 될 것인지, 어떤 삶을 살아갈 것인지에 대한 궁극적 결단이며, 자기 존재의 방식을 채

택하는 행위다. 사르트르는 이러한 선택이야말로 인간의 자유를 보여주는 증거라고 봤다. 인간은 태어날 때부터 어떤 고정된 본질을 지닌 존재가 아니라 선택을 통해 스스로의 본질을 형성해가는 존재라는 것이 그의 실존주의 핵심 명제다.

그러므로 인간의 선택은 단지 개인적인 문제가 아니다. 내가 어떤 삶의 방식을 택하고, 어떤 가치를 실천하며 살아갈 것인지에 대한 결단은 곧 "인간은 이렇게 살아도 된다"는 보편적 메시지를 세상에 내놓는 것이 된다. 나의 삶은 단순한 삶이 아니라 하나의 말, 하나의 선언이 된다. 나는 나의 존재를 통해 말없이 말한다.

"이렇게 살아도 괜찮다.", "나는 이런 삶이 인간답다고 믿는다.", "이 선택이야말로 옳다고 나는 생각한다." 바로 이 지점에서 사르트르는 선택을 윤리적 행위로 본다. 왜냐하면 나의 선택이 타인에게 영향을 끼치는 순간, 나는 그 선택에 대한 윤리적 책임노 함께 져야 하기 때문이다. 내가 정직함을 선택한다면 나는 단지 나 자신의 윤리를 실천하는 수준에서 머무는 것이 아니라 타인에게도 정직함이 인간답다고 주장하는 셈이다. 나의 삶은 나만의 것이 아니라 인간 일반에 대한 하나의 정의가 된다. 따라서 사르트르에게 선택은 언제나 자기 존재에 대한 실천이자 인간 전체를 향한 윤리적 응답이다.

이러한 철학적 관점을 사르트르는 《실존주의는 휴머니즘이다》에 나오는 유명한 사례로 제시한다. 전쟁 중, 한 청년이 중

대한 선택의 기로에 놓인다. 하나는 프랑스에 남아 병든 어머니를 돌보는 것이고, 다른 하나는 영국으로 건너가 자유 프랑스군에 합류해 조국을 위해 싸우는 것이다. 이 딜레마는 단순한 개인적 문제처럼 보일 수 있지만, 그 이면에는 "무엇이 인간에게 더 큰 책임인가?", "어떤 선택이 더 윤리적인가?"라는 보편 윤리의 질문이 깔려 있다.

이 청년은 한편으로는 가족에 대한 사랑과 개인적 책임을 느끼고 있고, 다른 한편으로는 조국과 인류에 대한 의무를 느끼고 있다. 전통적 도덕은 이 상황에 대해 분명한 해답을 제시하지 못한다. 사르트르 또한 마찬가지다. 그는 이 사례에 대해 어느 쪽이 더 옳다고 말하지 않는다. 그 어떤 외부 권위도, 철학도, 종교도, 윤리 교과서도 그를 대신해 결정해 줄 수 없다. 사르트르는 단호하게 말한다. "그 청년은 스스로 선택해야 한다. 아무도 그를 대신해 결정을 내려줄 수 없다." 이 말은 실존주의가 지닌 급진적 자유의 철학을 잘 보여준다.

인간은 철저히 자유롭다. 그러나 이 자유는 축복이기보다는 때로는 형벌처럼 느껴지기도 한다. 우리는 어떤 것도 확실하게 말해주지 않는 세계 속에서 스스로 의미를 만들어 내야 하는 고독한 존재다. 그래서 실존주의는 종종 불안의 철학이라고 불린다. 정답이 없는 세계에서 오직 나만이 내 삶을 결정해야 하는 그 무게는 결코 가볍지 않다.

그렇기에 사르트르에게 인간의 선택은 곧 자유의 증거이자 불안의 증거이며, 윤리의 출발점이다. 청년이 어떤 결정을 내렸는 지는 중요하지 않다. 그보다 더 중요한 것은 그 선택이 오직 자기 자신에 의해, 자기 책임 하에 이루어졌느냐는 점이다. 그리고 그 이후, 자신이 선택한 삶을 어떻게 살아갈 것인가, 그 선택을 삶의 실천으로 어떻게 증명해 낼 것인가가 남는다.

의사결정은 곧 나를 말하는 방식이다

많은 사람들이 의사결정을 하나의 전략적 판단, 혹은 이익과 손해의 계산으로만 이해한다. 물론 실용적 판단은 의사결정에서 중요한 요소다. 하지만 사르트르의 관점에서 보면, 앞서 언급한 바와 같이 의사결정은 자신의 정체성을 외부로 투사하는 실존적 표현이다. 예를 들어, 어떤 사람이 정의로운 선택을 반복한다면 그는 결국 정의로운 인간이 되기로 선택한 존재가 된다. 반대로 편의와 이익을 우선하는 결정을 반복하는 사람은 자신도 모르게 그러한 정체성을 구축해간다. 다시 말해, 우리는 매번 결정을 내릴 때마다, "나는 이런 인간이다"라는 선언을 하고 있는 셈이다.

흥미롭게도 사르트르의 실존주의 철학은 철저한 개인의 자유를 강조하지만, 그 자유의 궁극적 시험대는 타인과의 관계 속에서 나타난다. 우리가 반복적으로 실현해 온 선택은 타인에게 하나의 삶의 예가 된다. 앞서 논의했듯이, "나는 이렇게 살아도 괜찮다고 믿는다"는 선언은 곧 "인간은 이렇게 살아도 된다"는 메시지로 확장된다. 이때 일관성 없는 선택은 타인에게 혼란과 회의를 남긴다.

예를 들어, 리더가 평소에는 자율성과 신뢰를 강조하다가 위기 상황에서 독단적인 통제를 시작한다면 조직 구성원은 방향성을 잃고 혼란에 빠질 것이다. 선택이 메시지라면, 일관성은 그 메시지의 신뢰성이다. 타인은 우리의 삶을 통해 어떤 가치가 실현 가능한지를 배우고 검토한다. 일관성 없는 삶은 타인에게 무의미한 신호를 보내는 셈이다.

넷플릭스가 과거 블록버스터와의 인수 제안을 거절하고 스트리밍 서비스에 집중하기로 결정했을 때, 이는 단순히 사업 모델의 선택을 넘어 "미래는 물리적인 비디오 대여가 아닌 디지털 스트리밍에 있다"는 보편적인 시장의 방향성을 제시한 것과 다름없다. 이 결정은 다른 엔터테인먼트 기업들에게도 영향을 미쳐, 산업 전반의 디지털 전환을 가속화하는 계기가 되었다. 이처럼 기업의 중대한 의사결정은 단순히 자사의 이익을 넘어 산업 전체의 발전 방향과 윤리적 기준에까지 영향을 미친다.

조직 내에서도 마찬가지다. 리더의 결정 하나는 단순히 문제해결을 넘어서, "우리는 어떤 조직이 되어야 하는가"에 대한 철학적 입장을 드러내는 것이다. 이는 전략적 선택 이전에 태도의 문제이며, 조직의 정체성을 구성하는 요소가 된다.

실존주의의 본질은 정답 없는 세계에서 스스로 길을 만들어가야 한다는 데 있다. 이는 의사결정의 현실과도 정확히 맞닿아 있다. 우리는 언제나 완전한 정보 없이 불확실한 결과 속에서 다양한 이해관계를 조율해야 하는 상황에 놓여 있다. 그러므로 좋은 의사결정이란 언제나 결과가 아니라 결정을 내리는 태도와 그 이후의 책임감에 달려 있다. 사르트르는 말한다. "선택의 정당성은 선택 이후의 삶을 통해 증명된다." 마찬가지로 좋은 리더란 언제나 옳은 결정을 내리는 사람이 아니라 자신의 결정을 책임 있게 실현해가는 사람이다.

2008년 글로벌 금융 위기 당시, 많은 기업들이 생존의 기로에 섰다. 당시의 경제 상황은 누구에게도 명확한 해답을 주지 못했다. 어떤 CEO는 과감한 구조조정을 택했고, 어떤 CEO는 직원들을 지키기 위해 고통 분담을 제안했다. 이 시기에 파산 위기에 처했던 스타벅스의 CEO인 하워드 슐츠는 미국 내 7,100개 매장을 3시간 30분 동안 모두 닫고 13만 5천 명의 바리스타에게 에스프레소 추출 교육을 실시했다. 슐츠는 여기서 만족하지 않고 각 매장 매니저들과 혁신을 공유해야겠다고 판단하여 뉴올리언스에서 사흘간 리더십 컨퍼런스를 진행했다.

이로 인해 600만 달러의 경제적 손실이 발생했지만 이는 커피의 맛과 경험이라는 스타벅스의 본질적인 가치로 돌아가겠다는 강력한 의지를 보여준 상징적인 조치였다. 결과적으로 스타벅스는 위기를 극복했고, 그의 결정은 사람 중심이라는 스타벅스의 핵심 가치를 더욱 공고히 하는 상징이 되었다.

9·11 테러 이후 장기 침체에 빠진 사우스웨스트 항공은 생존을 위협받는 항공 산업의 한가운데에 놓여 있었다. 항공 수요는 급감했고, 연료비와 운영 비용은 치솟았다. 대부분의 항공사가 대규모 구조조정을 통해 비용을 줄이려 했고, 인력 감축은 가장 현실적인 선택처럼 받아들여졌다. 그러나 사우스웨스트 항공은 다른 기준을 택했다. 당시 CEO 허브 켈러허는 단 한 명의 직원도 해고하지 않겠다고 결정했다. 재무적으로 보면 가장 불리해 보이는 선택이었다. 대신 임원 급여 삭감, 무급 휴가, 투자 연기 등 전사적 고통 분담을 통해 위기를 버텼다. 이 결정의 기준은 효율이 아니라 신념이었다. 사람을 비용이 아니라 조직 문화와 장기 경쟁력의 핵심으로 본 것이다.

스타벅스와 사우스웨스트 항공 사례는 결정 자체의 완벽성보다는 불확실성 속에서 어떤 가치를 지향하고 그에 대한 책임을 어떻게 감당했는가가 더 중요함을 보여준다.

사르트르의 주장처럼, 우리는 자유롭기 때문에 불안하다. 의사결정의 핵심도 이와 같다. 아무도 대신 결정해줄 수 없다는 점, 그리고 그 결과에 대한 책임을 오롯이 져야 한다는 점이 의사결정의 본질이다. 이 고독함과 책임감은 결코 가볍지 않지만 동시에 우리를 진정한 주체로 만든다.

오늘날처럼 매뉴얼과 알고리즘이 범람하는 시대에도 의사결정은 여전히 인간의 몫이다. 왜냐하면 진짜 의사결정은 수학적으로 계산될 수 있는 것이 아니라 가치 판단과 철학적 선택을 포함하기 때문이다. 기술은 가장 효율적인 길이나 가능한 방향을 제시할 수는 있어도 "우리가 어떤 존재가 되기를 원하는지"에 대한 근원적인 질문에 답할 수는 없다. 그 답은 오직 우리 스스로의 용기 있는 선택과 그에 대한 책임에서 비롯된다.

승리를 넘어 실존의 영역으로

"비즈니스는 이길 수 있는 게임인가?" 이 질문은 단순히 경영 전략의 문제를 넘어 기업 존재의 본질을 묻는 철학적 성찰이다. 안타깝게도 지난 30~40년간 우리는 비즈니스를 일종의 '유한게임 finite game'처럼 다뤄왔다. 월스트리트의 기업들이 유한게임식 리더십을 도입했고, 경영대학원에서는 유한게임식 리더십을 가르친다.[2] 분기 실적, 시장 점유율, 경쟁사 대비 성장률 등은 모두 이 게임의 점수를 매기는 도구처럼 사용된다. 정해진 규칙과 심판, 승자와 패자가 존재하는 스포츠 경기처럼, 많은 기업은 이 구조 안에서 움직인다.

이러한 시각은 경영자들로 하여금 "어떻게 이길 것인가"에 초점을 맞추게 한다. 그 결과, 단기성과를 극대화하는 전략이 주를 이루고 조직은 이기기 위한 기계처럼 설계된다. 예산 절감을 위해 장기적 투자인 연구개발비를 줄이고, 수치를 부풀리기 위해 무리한 인수합병이나 자사주 매입에 나서는 것도 이러한 맥락 속에서 이해할 수 있다.

문제는 이 게임이 조직 전체에 미치는 심리적 작용이다. 구성원들은 자신을 보호하려는 본능에 따라 정보를 독점하거나 실수를 감추고, 위험을 회피하며 점점 수동적인 존재가 되어간다. 결과적으로 조직은 더 이상 새로운 것을 시도하거나 학습하는 공간이 아니라 평가와 생존의 장으로 축소된다. 하지만 우리는 근본적인 질문을 거의 던지지 않는다. "그 게임은 끝날 수 있는가?", "기업이 매출 1위가 되는 순간, 그 경영은 완성되는가?", "경쟁사를 제압한 다음에는 무엇이 남는가?"

여기서 우리는 철학의 역할을 다시 돌아보게 된다. 철학은 인간의 사고와 존재에 대한 근본적 질문에서 출발해 시대와 문화에 따라 다양한 형태로 변화해 왔다. 특정 철학 체계나 사조는 시대에 따라 변하거나 사라질 수 있다. 하지만 질문하는 정신과 본질을 탐구하는 태도로서의 철학은 인류가 존재하는 한 계속되어 왔고, 앞으로도 영원히 이어질 것이다. 그리고 바로 그 질문의 정신이 조직에도 필요하다.

우리는 실존주의 철학자 사르트르의 물음을 조직 경영에 던져볼 수 있다. 그는 인간에게 이렇게 물었다. "너는 존재하는가, 아니면 단지 어떤 목적에 따라 규정된 대상일 뿐인가?" 이 질문은 경영에도 똑같이 적용된다. "기업은 살아 있는 실존인가, 아니면 목표 지향적인 기계인가?", "기업은 스스로의 본질을 만들어가며 살아가는 존재인가, 아니면 산업 분류표에 적힌 정의된 정체성인가?"

이 질문은 인간이란 무엇이 되도록 결정된 존재가 아니라 매 순간 선택을 통해 스스로를 구성하는 존재라는 뜻이다. 인간은 끊임없이 자신의 의미를 만들어가며 완결될 수 없는 상태로 존재한다. 사르트르의 이 개념은 철학이란 고정된 진리를 찾는 유한한 여정이 아니라 항상 스스로를 다시 묻고 정의하는 무한한 탐색의 과정임을 시사한다.

이 시점에서 우리는 《유한게임과 무한게임》의 저자 제임스 카스 James P. Carse 가 말한 '무한게임 infinite game '의 개념과 사르트르의 존재론이 교차하는 지점을 만난다. 비즈니스를 유한한 게임으로 보는 태도는 기업을 결과 중심의 기계로 만든다. 그러나 사르트르의 실존주의는 존재를 고정된 상태가 아니라 항상 스스로를 초월하며 미래를 향해 던져지는 존재로 본다.

무한게임에서의 목표는 경쟁자를 이기는 것이 아니라 게임을 유지하고 확장하며 재정의하는 것이다. 사르트르의 실존 개념은 여기에 결정적인 철학적 기반을 제공한다. 그는 "인간은 본질보다 먼저 존재한다"고 말하며, 존재는 스스로 의미를 창조하는 과정 속에서만 진정한 정체성을 획득한다고 보았다. 기업도 마찬가지다. 기업은 정해진 정체성에 갇히는 순간 스스로의 실존을 상실한다. 무한게임에 참여하는 기업은 자신을 고정하지 않는다. 끊임없이 새롭게 되어가며 변화 속에서 자신을 다시 정의한다. 이 철학은 실제 기업의 전략 변화에서도 드러난다.

일본의 토요타는 세계 최대의 자동차 제조업체이지만 최근 스스로를 모빌리티 기업으로 전환하고 있다. '차를 파는 기업'에서 '이동성을 재창조하는 기업'으로 정체성을 이동시킨 것이다. 이는 단순한 기술 진화가 아니라 '인간의 이동은 왜 필요한가?'라는 존재론적 질문에 대한 응답이다.

글로벌 SPA 브랜드 유니클로는 패션 브랜드이지만 자신을 '라이프웨어 LifeWear 브랜드'로 규정한다. 이는 단순히 옷을 넘어서 삶을 구성하는 도구로서의 옷이라는 존재의 층위로 도약한 개념이다. 트렌드를 좇기보다 일상과 인간의 삶을 입히겠다는 방향은 사르트르가 말한 '자기 정의의 자유'를 조직적 차원에서 실천하는 방식이라 볼 수 있다. 이들은 단지 생존한 것이 아니라 존재의 이유를 새롭게 던짐으로써 '되어가는 존재'라는 정체성을 갱신해왔다.

사르트르 철학과 무한게임 사고

요소	유한게임 사고	무한게임 사고	사르트르 철학과의 관계
목표	승리	지속	존재의 자기 정의 지속
규칙	고정됨	유동적	상황적, 자율적 규정
참여자	제한적	열려 있음	모든 인간은 참여자

종료 시점	명확	없음	실존은 완결되지 않음
존재 이해	본질이 먼저	실존이 먼저	인간은 스스로 창조함

무한게임 사고를 한다는 것은 기업이 불완전성과 불확실성 속에서 스스로의 존재 이유를 계속 갱신하는 존재가 되는 것을 의미한다. 이는 단순한 전략적 유연성이 아니라 철학적 결단이다.

실존주의가 제시하는 무한게임 사고의 핵심은 다음과 같다.

▶ 규칙은 절대적이지 않다.

기존의 산업 규칙이나 표준은 하나의 선택지일 뿐, 본질적인 것은 아니다. 새로운 규칙을 만들 수 있어야 한다.

▶ 정체성은 고정불변하지 않다.

기업은 브랜드나 산업군에 의해 규정되는 것이 아니라, 어떤 문제를 해결하며 존재 의미를 확장하는가에 의해 정의된다.

▶ 의미는 외부가 아닌 내부에서 창조된다.

투자가, 경쟁자, 시장이 기업의 존재 의미를 결정하는 것이 아니라 기업 스스로 그것을 선언하고 행동으로 증명해야 한다.

지키려는 자의 몰락,
바꾸려는 자의 부상

유한게임 사고와 무한게임 사고의 근본적 차이는 질문에서 시작한다. 유한게임적 사고는 "내게 이익이 되는가?"라는 물음을 중심에 둔다. 이 질문은 항상 자기 자신을 중심축으로 삼는다. 목표 달성 여부가 유일한 판단 기준이며, 그 과정에서 타인이나 사회, 더 넓은 공동체에 어떤 영향을 미쳤는지는 고려 대상이 아니다. 성취한 목표가 윤리적으로 어떤 의미를 갖는지, 혹은 그것이 지속 가능한 구조를 만드는지에 대한 고민은 부차적인 문제로 밀려난다.

반면, 무한게임적 사고는 질문 자체가 다르다. "이 선택이 고객에게, 그리고 세상에 어떤 가치를 줄 수 있는가?"를 묻는다. 여기서 고객은 단순한 소비자가 아니라 기업과 장기적으로 관계를 맺고자 하는 존재이며, 지속적으로 가치 교환을 이루고자 하는 공동체를 의미한다. 예컨대, 원래 온라인 서점으로 시작한 아마존은 온라인 유통의 경계를 넘어 클라우드 서비스 AWS, 물류 혁신, 인공지능, 심지어 헬스케어 영역까지 사업을 확장해왔다.

창업자 제프 베조스는 아마존을 "한 번도 완성된 적 없는 조직"이라고 표현하며, "우리는 경쟁자를 걱정하지 않는다. 고객만 본다."고 강조했다. 무한게임적 사고를 하는 조직은 자신의 결정이 사회 전체, 나아가 다음 세대에 어떤 영향을 미칠지를 장기적인 관점에서 검토한다. 이들은 자신을 단기 승부의 플레이어가 아니라 게임의 규칙을 설계하는 존재로 인식한다.

변화에 대한 태도 역시 이 둘을 명확히 갈라놓는다. 유한게임적 사고를 지닌 조직은 예측 불가능한 변수를 리스크로 본다. 불확실성은 계획을 어그러뜨리는 장애물이며, 예기치 못한 변화는 경쟁에서의 패배로 연결될 수 있는 위협으로 여겨진다. 따라서 이들은 계획을 세울 때 가능한 모든 것을 통제하려 하고 새로운 기술이나 트렌드에 대해서는 방어적으로 반응한다.

그러나 무한게임적 조직은 다르다. 변화는 그 자체로 게임의 일부이자 본질로 받아들여진다. 예측 불가능한 상황은 위기가 아니라 새로운 가능성이자 혁신의 출발점이다. 무한게임적 조직은 변화가 기존의 성공을 위협할 수 있음을 인정하면서도, 그것이 더 넓은 판을 여는 기회가 될 수 있다고 믿는다. 이들은 불확실성을 두려워하지 않는다. 오히려 변화 속에서 새로운 정체성을 찾아 나서고 스스로를 다시 정의하는 데 주저하지 않는다.

이러한 태도의 차이는 기업의 전략과 의사결정에서 극명히 드러난다. 애플은 무한게임적 사고를 가장 분명하게 실천해 온 기업 중 하나다. 아이팟이라는 성공적인 제품을 시장에 안착시킨 후에도 애플은 자축하거나 방어적인 전략에 머물지 않았다. 오히려 스스로 만든 성공의 틀을 깨고, 그 너머를 바라봤다.

아이폰의 출시는 바로 그 결정적 순간이었다. MP3 시장에서의 경쟁을 이어가는 대신, 아예 기술 지형을 바꾸어버렸다. 음악기기 시장에서 승리하는 것이 목표가 아니라, '모바일 경험'이라는 훨씬 더 큰 무대를 만드는 것이 목적이었다. 그 결과, 애플은 자사의 기존 성공작인 아이팟마저도 시대에 뒤처진 유물로 만들었고, 스마트폰이라는 새로운 질서를 선도하는 기업으로 재탄생했다.

이러한 과감한 결정은 결코 처음이 아니었다. 이미 1979년, 애플의 스티브 잡스는 캘리포니아 팰로앨토에 위치한 제록스 PARC 연구소를 방문해 GUI 그래픽 사용자 인터페이스 라는 새로운 기술을 접했다. 기존의 명령어 중심 컴퓨터와는 완전히 다른 방식으로 사용자는 마우스를 움직여 화면의 아이콘을 클릭하며 직관적으로 작업을 수행할 수 있었다.

그 자리에서 잡스는 "이것이 앞으로 모든 컴퓨터의 표준이 될 것"이라고 확신했다. 문제는 내부의 반발이었다. 당시 애플은 수년간 기존 방식의 퍼스널 컴퓨터를 개발해 왔고, 막대한 자원과 시간이 투입된 상태였다. 이 시점에 방향을 틀면 지금까지의 모든 투자가 무의미해질 수 있었다. 한 임원이 이렇게 반발했다. "이건 우리가 스스로 회사를 파괴하는 셈입니다."

그러자 잡스는 단호하게 말했다. "우리가 하지 않으면 누군가가 할 겁니다. 그렇다면 우리가 먼저 하는 게 낫지 않겠습니까?" 이 말은 무한게임 사고의 본질을 꿰뚫는다. 무한게임에선 현재의 성공을 지키는 것이 아니라 더 넓은 가능성을 향해 스스로 진화해야 한다. 진정한 리더는 자기 손으로 낡은 패러다임을 끝내고 다음 세계의 문을 여는 사람이다.

애플과 달리 코닥의 사례는 유한게임 사고방식이 얼마나 치명적인 결과를 초래할 수 있는지를 극명하게 보여준다. 코닥은 한때 필름 카메라 시장을 장악하며 세계를 대표하는 기업이었다. 그러나 그들의 경영진은 "우리에게 가장 이익이 되는 것은 무엇인가?"라는 질문에만 매몰되었다. 필름 판매와 현상 사업에서 막대한 수익을 내고 있었기에 기존 사업 모델을 지키는 것이 최우선이었다. 디지털카메라라는 혁신 기술이 등장했음에도 코닥은 이를 위협으로 간주하고 가능한 한 억제하려 했다.

사실 코닥 내부에서 디지털카메라 기술이 개발되었음에도 불구하고 이를 적극적으로 밀고 나가지 않은 것은 유한게임적 사고의 전형적 모습이었다. 변화와 혁신은 그들의 안정된 수익 구조를 위협하는 변수였고, 그래서 회피 대상이었다. "기존 필름 사업을 지키는 것이 고객과 회사에 최선이다"라는 착각 속에 머물렀던 것이다.

결국, 코닥은 디지털 혁명이라는 무한게임에 참여하지 못하고 시장에서 뒤처졌다. 고객과 시장의 변화에 발맞추기보다 자신들이 한때 승리했던 게임을 유지하는 데 급급한 나머지, 장기적으로 더 큰 가치를 창출할 기회를 놓쳤다. 그 결과, 코닥은 디지털 시대에 적응하지 못한 채 쇠락의 길을 걷게 되었다.

노키아 역시 코닥과 비슷한 길을 걸었다는 점에서 유한게임 사고방식의 위험성을 여실히 보여준다. 한때 세계 휴대폰 시장을 지배했던 노키아는 "현재 시장에서 가장 잘 팔리는 제품을 계속 만드는 것"에 집중했다. 그들은 자신들의 기존 성공 공식을 고수하며 단기적 수익 극대화에 몰두했다. 그러나 스마트폰 혁명이 빠르게 다가오는 상황에서 노키아는 변화의 신호를 제대로 인지하지 못하거나 외면했다.

특히, 애플이 아이폰을 출시하며 스마트폰의 개념을 완전히 재정의했을 때 노키아는 여전히 기존의 피처폰 중심 전략과 운영 체제에 안주했다. 혁신적인 터치스크린과 앱 생태계 구축이 중요한데도 자신들에게 익숙한 방식과 시장 지위를 지키는 데만 집중했다. 이 역시 유한게임적 사고, 즉 '지금 우리에게 가장 좋은 것'에만 매달리는 사고방식의 전형이었다. 결과적으로 노키아는 시장 점유율을 급격히 잃었고, 경쟁사들의 혁신에 대응하지 못한 채 쇠퇴의 길을 걸었다.

코닥과 노키아의 사례는 단순히 과거 기업의 실패를 넘어서 변화와 불확실성에 대한 태도가 기업의 운명을 결정짓는 핵심 요소임을 시사한다. 변화가 불가피한 현실임에도 이를 위험으로만 간주하고 억제하려는 시도는 도태를 피할 수 없게 만든다. 반면 무한게임적 사고방식은 단기적 이익에만 매몰되지 않고 고객과 시장, 사회 전반의 장기적 가치를 고민하며 끊임없이 혁신과 변화를 수용한다.

따라서 기업이 지속 가능한 성장을 이루려면 유한게임적 안주를 넘어 무한게임적 변화와 혁신의 흐름에 동참해야 한다. 변화는 피할 대상이 아니라 실존하는 기업이 자신의 가능성을 확장하고 지속적으로 존재할 수 있게 하는 본질적 조건임을 코닥과 노키아의 몰락, 그리고 애플의 성공은 명확하게 입증한다.

존재와 행동 사이

1980년 4월 15일, 사르트르는 74세의 나이로 세상을 떠났다. 사인은 폐부종이었다. 그가 세상을 떠났을 때 프랑스 전역은 깊은 충격에 휩싸였다. 장례식이 열린 4월 19일, 파리 몽파르나스 묘지로 향하는 그의 장례 행렬에는 약 5만 명에 이르는 시민들이 자발적으로 모여들었다. 그는 유명 정치인이 아니었고 대중 연예인도 아니었다. 오히려 그의 대표작《존재와 무》《구토》는 그 난해함으로 인해 일반 독자에게는 어렵게 다가오는 철학서이자 문학작품이었다. 그럼에도 불구하고 프랑스 국민은 그에게 최대한의 경의와 애도를 표했다.

사르트르는 생전에 "나는 내가 행한 행위들의 총합이다."라고 말했다. 이 말은 단순한 철학적 선언이 아니다. 그것은 그가 자신의 삶을 통해 증명한 명제이며, 철학자가 '말하는 존재'에서 '행동하는 존재'로 탈바꿈할 수 있음을 보여주는 증거였다.

사르트르의 삶은 격동의 20세기 역사와 함께했다. 제2차 세계대전이 한창일 때, 사르트르는 독일군에 징집되어 포로가 되었다. 이후 그는 탈출해 프랑스 레지스탕스에 합류했다. 그는 문예지《레트르 프랑세즈 Les Lettres Françaises 》를 통해 나치의 이념을 비판했고, 철학 강의 형식으로 저항 사상을 전파했다. 그는 단지 글로 저항하지 않았다. 그는 위험을 무릅쓰고 몸소 참여한 행동으로 저항했다. 이 시기의 경험은 그에게 철학의 사회적 책무를 깊이 각인시켰다. 그래서 그는 전쟁 이후에도 "지식인은 침묵해서는 안 된다"고 반복해서 주장했다.

전후, 사르트르는 시몬 드 보부아르와 함께 문예지《모던 타임스 Les Temps Modernes 》를 창간한다. 이 잡지는 단순한 문학과 철학을 다루는 매체를 넘어 지식인의 참여를 조직하는 플랫폼이었다. 식민주의, 노동자 문제, 젠더 이슈, 전쟁 범죄 등 당대의 구조적 폭력을 비판하는 글들이 실렸고, 그 중심에는 언제나 사르트르가 있었다. 특히 그는 알제리 전쟁 당시, 프랑스 정부의 고문과 억압을 폭로한 기자 앙리 알레그 Henri Alleg 를 공개적으로 지지했다.

이로 인해 그는 극우세력으로부터 협박과 테러의 위협을 받았으나 결코 침묵하지 않았다. 그는 사회의 권력 중심이 아니라 언제나 주변에 있는 존재들—식민지 민중, 흑인 민권운동가, 여성,

노동자—의 편에 섰다. 그들에게 연대하는 것, 그것이야말로 실존의 윤리적 선택이라고 믿었기 때문이다.

1968년, 프랑스 전역을 뒤흔든 학생 시위와 노동자 파업의 물결 속에서 사르트르는 거리로 나간 철학자가 되었다. 그는 학생들과 함께 바리게이트에 섰고 파업을 지지했다. 억류된 시위 학생들과의 대화를 통해 그들의 주장을 대중에게 알리는 통로가 되기도 했다. 이때 그는 단지 사상을 전파하는 철학자가 아니라 실천의 최전선에 서 있는 시민이었다.

노년기에는 시력을 거의 잃고 건강이 악화되었음에도 불구하고 사르트르는 활동을 멈추지 않았다. 그는 파업 현장을 찾아 노동자들과 대화하고 노인의 존엄성과 자율성에 대해 발언했으며, 심지어 장애인 인권 문제까지도 다뤘다. 그의 철학은 삶의 마지막 순간까지도 멈추지 않았고 철저히 현실에 발을 딛고 있었다.

이처럼 철학이 현실과 분리된 사유의 유희가 아니라 삶을 살아가는 방식이어야 한다는 믿음은 동시대의 다른 철학자들에게서도 나타난다. 대표적으로 미국의 철학자이자 교육학자인 존 듀이 John Dewey 는 "사고는 행동을 위한 도구이다."라고 말하며, 철학은 실천을 위한 수단이어야 한다고 보았다. 그는 교육철학에서도 이념보다는 '행함으로 배운다 learning by doing'는 원리를 강조했다. 듀이에게 진정한 앎이란 책 속에 머무는 것이 아니라 경험 속에서 검증되고 실천 속에서 길러지는 것이다. 이론보다 실천, 지식보다 경험, 선언보다 행동을 중시한 그의 철학은 사르트르가 몸소 살아낸 실존 철학과도 깊은 공명을 이룬다. 철학은 결국 삶의 도구이며, 인간을 현실을 바꾸는 존재로 만드는 실천의 언어이어야 한다.

말은 잊히고 실천은 남는다

그런데 왜 5만 명에 달하는 사람들이 사르트르의 장례식에 모였을까? 그것은 단지 유명인의 죽음을 애도하기 위한 의례가 아니었다. 그것은 그가 남긴 시대적 영향력의 총체적 발현이었다. 당시 프랑스의 좌파 청년들은 사르트르를 "양심 있는 유럽의 얼굴"이라고 불렀고, 언론은 그를 "20세기 프랑스의 도덕적 나침반"으로 평가했다. 프랑스의 철학자이자 사회학자인 미셀 푸코 Michel Foucault 는 "그는 늘 논쟁적이었지만, 누구도 그를 무시할 수 없었다"고 회고했고, 알베르 카뮈와 철학적으로 결별한 이후에도 카뮈를 존경하던 이들조차 그의 삶과 태도에는 경의를 표했다.

사르트르의 장례식에 모인 수많은 시민들은 그의 철학 개념이나 난해한 문장을 기억한 것이 아니었다. 그들은 사르트르가 어떻게 살았는지, 그리고 그 삶이 어떤 방식으로 사회에 흔적을 남겼는지를 기억했다. 그것이야말로 "말이 아니라 사람을 남긴다"

는 실존주의의 진실이었다.

사르트르는 단지 존재에 머무르지 않고 무無를 들여다본 철학자였다. 이 무는 허무가 아니라 가능성의 공간이다. 인간은 끊임없이 자신을 초월하고, 선택하고, 책임지는 존재다. 이러한 사르트르의 철학은 삶의 마지막까지도 일관되게 실천했다.

"말이 아니라 흔적으로 남는다"는 말은 단순한 수사가 아니다. 그것은 사르트르의 철학이 그의 생애 전반에 걸쳐 삶과 일치되었음을 말해주는 가장 간결하면서도 강력한 언어다. 그의 죽음을 애도하기 위해 수만 명이 모인 이유는 그가 올바른 철학을 했기 때문만은 아니다. 그는 자신의 철학을 삶으로 살아냈기 때문이었다. 그리고 바로 그것이 실존이다.

이러한 실존의 진정성이 있었기에 그의 죽음을 애도하기 위해 모인 5만 명의 시민들은 행동하는 철학자에 대한 경의, 삶과 사상이 일치된 존재에 대한 예를 표한 것이었다. 장례식을 주관하던 사람이 "가족 여러분, 앞으로 나와 주세요."라고 요청하자 한 여성이 이렇게 외쳤다. "우리 모두가 그의 가족입니다."

삶으로 말한 대통령

"말은 의도이지만 행동은 진실이다. 리더가 남기는 것은 말이 아니라 조직의 기억이다." 이 말은 현대 조직의 리더십이 단순한 전략이나 커뮤니케이션 능력을 넘어선 삶의 방식이라는 점을 명확히 보여준다. 아무리 탁월한 슬로건이 있고 감동적인 연설이 넘쳐나더라도 그것이 행동으로 뒷받침되지 않으면 조직에 남는 것은 결국 공허한 메아리뿐이다. 말은 순간을 장식하지만 행동은 문화를 남긴다. 말은 잊히지만 실천은 기억된다.

진정한 리더십은 말이 아니라 살아낸 방식에서 나온다. 리더의 행동 하나하나는 조직의 감각에 새겨지고, 구성원의 정서에 침투하며, 결국 하나의 기억 체계가 된다. 리더가 위기 속에서 무엇을 말했는가보다 그 위기 상황에서 어떻게 행동했는가가 조직의 DNA가 된다. 그래서 리더십은 지시가 아니라 존재 방식이며 연설이 아니라 실천으로 쌓아 올린 신뢰다.

이러한 실천의 리더십을 가장 명확히 보여주는 인물 중 하나가 바로 지난 2025년 5월 13일 세상을 떠난 호세 무히카 Jose Mujica 전 우루과이 대통령이다. 그는 세계에서 가장 가난한 대통령으로 불렸지만, 정작 그는 "나는 가난하지 않다. 필요한 것이 많지 않을 뿐"이라고 말하곤 했다. 무히카는 단순히 청렴을 주장한 것이 아니라 청렴 그 자체였다.

대통령에 취임하고서도 허름한 농가에서 살았고, 월급의 90퍼센트를 기부하며, 낡은 폴크스바겐을 타고 다녔다. 그는 심지어 대통령 관저를 노숙자들에게 내어주었고, 강추위가 몰아치자 시리아 난민들을 위한 숙소로 제공하기도 했다. 정책 결정에도 예외는 아니었다. 무히카는 젊은 시절 군부 독재에 맞서 투쟁

했던 게릴라 출신으로 14년이 넘는 혹독한 수감 생활을 견뎌야
했다. 그럼에도 불구하고 그는 대통령이 된 후 자신의 정적을 부
통령에 임명하는 등 이념과 정파를 초월한 통합의 정치를 실현
했다.

앙심을 품거나 보복하기보다는 국민 화합을 최우선으로 삼는
그의 자세는 그의 언행일치를 더욱 돋보이게 한다. 그가 남긴 것
은 법률이 아니라 삶의 형태였고, 정책이 아니라 태도의 기억이
었다. 무히카는 "사람들은 나의 철학이 아닌 내가 어떻게 사는지
를 기억할 것"이라는 말을 남겼다. 이 점은 사르트르와도 깊은
공통점을 이룬다.

조직의 리더도 마찬가지다. 리더는 말로 방향을 제시할 수는
있지만 행동으로만 조직을 남길 수 있다. 구성원은 리더의 비전
을 믿기 전에 그 비전이 실제로 구현되는 장면을 보길 원한다.
회의에서 어떤 멋진 말을 했는지보다 위기의 순간에 어떤 선택
을 했는지, 실패 앞에서 어떤 태도를 취했는지, 사람들을 어떻게
대했는지가 기억된다.

위기의 순간 인간의 본성은 더욱 두드러진다. 그리고 바로 그
순간들이 조직의 집단 기억을 형성한다. 그래서 어떤 조직은 리
더가 떠난 이후에도 그 정신이 이어지고, 또 어떤 조직은 리더가
자리를 비우는 순간 방향을 잃는다. 그 차이를 만드는 건 전략이
아니라 기억의 밀도다. 말뿐인 리더는 조직에 흔적을 남기지 못
하고 실천한 리더만이 조직문화로 남는다.

무히카는 퇴임 이후에도 여전히 대중 앞에 서서 이렇게 말했다. "넘어질 때마다 다시 시작하고, 화가 나면 이를 희망으로 바꾸라." 이는 그의 생애가 증명해 준 문장이다. 고문과 독방, 병마와 외로움을 견디면서도 다시 시작했던 그의 삶은 말이 아닌 실존 그 자체였다.

실천 없는 말은 시간이 지나면 잊힌다. 하지만 행동은 조직의 DNA로 남아 강력한 문화가 되고 기억이 된다. 조직의 신뢰는 한두 번의 명언이 아니라 리더의 누적된 행동, 반복된 선택, 지켜낸 가치에서 비롯된다. 그 누적이 곧 신뢰고 기억이며, 리더가 남길 수 있는 가장 강력한 유산이다.

Sartre

Business

2

장

리더는
불편한 진실 앞에서
침묵하지 않는다

"이제는 지위로 조직원 위에 군림하는 시대는 지났다.
인간적인 매력과 영향력으로 추종자를 만들어내야
한다."
_피터 드러커

"이제는 지위로 조직원 위에 군림하는 시대는 지났다.
인간적인 매력과 영향력으로 추종자를 만들어내야
한다."
_피터 드러커

지식인은 불편한 진실
앞에서 침묵하지 않는다

사르트르에게 지식인이란 단순히 많은 지식을 가진 사람, 혹은 특정 전문 분야에 능통한 인물이 아니다. 그는《지식인을 위한 변명》에서 지식인을 "불편한 진실 앞에서 침묵하지 않는 자"로 정의하며, 지식인의 핵심을 비판적 성찰, 도덕적 책임, 그리고 실천적 개입에서 찾는다. 지식인은 단지 세계를 이해하는 데 그치지 않고, 그 세계의 모순과 부조리에 맞서 발언하고, 자신의 지식을 사회적 실천으로 전환시키는 존재다.

이러한 맥락에서 사르트르는 '전문가 technicien'와 '지식인 intellectuel'을 명확히 구분했다. 전문가는 체제 내에서 특정 역할을 수행하는 기능적 존재로, 정해진 문제를 정확히 해결하는 데 집중한다. 그러나 그가 다루는 기술이나 지식이 사회적으로 어떤 영향을 미치는지, 어떤 권력에 작용하고 있는지에 대해서는 무관심하다. 전문가가 추구하는 것은 정밀성과 효율성이지, 윤리적 방향성과 책임은 후순위로 밀린다. 요컨대, 전문가는 '어떻게'에 몰두하지만 '왜'와 '무엇을 위해서'에는 침묵하는 경향을 보인다.

반면 지식인은 체제 내부의 질서에 안주하지 않고 그 체제가 작동하는 방식, 즉 권력과 자본의 흐름, 지식의 분배 구조, 억압과 침묵의 메커니즘을 문제 삼는다. 그들은 단순히 체제 속에서 기능하는 것이 아니라 그 체제 자체를 성찰하고 문제화하는 존재다. 사르트르에게 지식인은 체제의 바깥에서 그것을 비판하는 사람, 혹은 체제 내부에 있으면서도 그것을 불편하게 만드는 사람이다. 북한에도 고등 교육을 받은 기술자, 과학자, 의사, 작가들이 존재한다. 그러나 이들이 사르트르가 말한 지식인인가? 아니다. 체제의 문제를 비판하거나 권력의 부조리를 고발하거나 침묵의 질서를 깨뜨릴 수 없다면 그들은 단지 체제 내에서 기능하는 전문가일 뿐이다.

사르트르는 핵무기 개발의 사례를 들어 이 둘의 차이를 명확히 한다. 원자핵분열이라는 과학적 지식을 응용해 핵무기를 만든 과학자들은 그 자체로는 전문가일 뿐이다. 그들은 지식을 권력에 제공했지만 그것이 인류에게 어떤 위협을 가져올지는 외면했을 수 있다. 그러나 만약 그 과학자들이 자신들의 지식이 문명과 인간성에 위협이 된다는 사실을 자각하고, 이를 막기 위해 공개적으로 발언하고 행동에 나섰다면 그들은 전문가에서 지식인으로 전환한 것이다. 이처럼 지식인의 조건은 단지 아는 것이아니라 그 앎을 어떤 방식으로 책임지는가에 달려 있다.

그러나 지식인은 단지 개인의 윤리적 결단으로 탄생하는 것이아니다. 사르트르에 따르면, 지식인의 탄생은 구조적 모순에 대한 인식에서 비롯된 필연적인 결과다. 특히 20세기 중반, 두 차례의 세계대전과 냉전, 식민지 해방 투쟁과 이념의 충돌은 더 이상 학문이나 기술이 정치와 무관할 수 없다는 현실을 낳았다. 전쟁과 학살, 제국주의와 이데올로기 대립은 지식인을 책상에서 광장으로 불러냈다. 더 이상 중립은 가능하지 않았고, 침묵은 곧 공모共謀가 되었다.

사르트르는 지식인을 처음부터 체제 비판을 위해 태어난 존재로 보지 않는다. 오히려 그는 체제 안에서 전문가로 기능하던 인물이 어느 순간 자신의 역할이 억압과 착취에 기여하고 있다는 사실을 자각하면서 지식인으로 전환한다고 본다. 따라서 지식인은 처음부터 지식인이었던 것이 아니라, 되어가는 존재이며, 이는 특정한 역사적 · 사회적 조건 속에서 전환이 가능하다.

이 전환의 핵심은 자기 위치에 대한 윤리적 자각이다. 사르트르의 표현대로 지식인은 "자신이 타인의 억압에 기여하고 있음을 깨달은 사람"이다. 이는 단순한 감정적 연민이 아니라 자신이 속한 구조를 반성적으로 성찰하고, 그 구조로부터 거리를 두려는 윤리적 각성이다. 따라서 지식인의 탄생은 내면적 각성과 사회적 실천이 만나는 지점에서 이루어진다. 그는 더 이상 지식을 개인의 성취나 전문성의 증명으로 삼지 않고, 그것이 인간의 삶과 자유에 어떤 영향을 미치는지를 끊임없이 묻는다.

사르트르가 말하는 지식인은 본질적으로 정치적 존재다. 그는 특정 진영이나 이념에 복무하는 사람이 아니라 구조의 억압성과 인간 조건의 위기에 민감하게 반응하는 사람이다. 지식인은 어떤 가치를 옹호하는가, 어떤 고통에 연대하는가, 어떤 침묵을 거부하는가를 기준으로 정의된다. 다시 말해, 지식인의 존재 이유는 비판 그 자체가 아니라 그 비판이 만들어내는 변화의 가능성에 있다.

이러한 의미에서 사르트르에게 지식인은 결코 완성된 정체성이 아니다. 지식인은 끊임없이 새롭게 태어나야 하는 존재이며, 자신의 지식과 위치를 반복적으로 반성하고 재배치해야 하는 사람이다. 지식인은 특정한 자격이나 직책이 아니라 일종의 태도이며 실천의 양식이다. 지식인은 타자의 고통에 민감하고, 자기 이익을 넘어서는 책임의식을 가지며, 권력에 대해 비판적 거리를 유지하려는 의지를 가진 존재다.

결국 사르트르에게 지식인이란 단순히 '말하는 사람'이 아니라, '자기 위치를 문제 삼는 사람'이며, 앎과 실천을 연결짓는 윤리적 존재다. 그는 구조 속에서 눈을 감지 않고, 구조에 반응하며, 구조를 넘어서는 가능성을 상상하는 사람이다.

리더가 지식인으로 거듭난다는 것은?

사르트르가 말한 지식인의 태도는 오늘날 조직 안의 리더에게도 그대로 적용될 수 있다. 현대 사회는 여전히 자본의 논리가 무분별하게 확장되고, 산업자본의 과도한 이익 추구로 인해 다수가 희생당하는 구조적 불평등과 빈부 격차, 인종차별, 고용 불안 등의 문제를 안고 있다. 이러한 현실 속에서 사르트르는 지식인들이 새롭게 등장한 권력인 산업자본에 맞서 적극적으로 저항하며, 사회적 부정의에 대해 침묵하지 않는 책임 있는 태도를 견지해야 한다고 강조한다.

이처럼 사르트르가 정의한 지식인은 단순히 지식을 축적한 전문가가 아니라 사회 구조의 모순과 부조리를 인식하고 이에 맞서 실천하는 존재이다. 이와 마찬가지로, 현대 조직의 리더 역시 단순한 관리자나 결정권자의 역할을 넘어 조직 내외부의 구조적 문제를 비판적으로 성찰하고 이에 적극 개입하는 '실천적 지식인'으로서 자리매김해야 한다.

오늘날 리더는 단순히 수치를 분석하고 전략을 설계하는 기술자로 머물러서는 안 된다. 조직이라는 축소된 사회에서 인간과 권력, 자원과 가치가 어떻게 분배되고 작동하는지를 통찰할 수 있어야 한다. 리더의 의사결정은 단순히 효율성이나 생산성의 문제가 아니라, 구성원들의 삶과 존엄, 그리고 일의 의미에 직접적인 영향을 미치는 윤리적 문제라는 점을 깊이 인식해야 한다.

특히 현대 조직은 더 이상 단순한 생산의 공간이 아니라 사회적 관계와 정체성이 형성되는 복합적인 공간이다. 따라서 리더는 구성원을 조직 내 구조의 부품으로서 기능하는 데 머물러서는 안 된다. 리더는 자신이 속한 조직 구조가 얼마나 공정하고 투명하게 작동하는지 끊임없이 묻고, 구성원들의 목소리가 충분히 반영되고 있는지를 세심히 살피며, 조직 내에 잠재된 차별과 소외, 억압의 가능성을 예민하게 감지할 수 있는 윤리적 감수성을 지녀야 한다.

사르트르가 강조한 "중립은 없다"는 말은 리더의 태도에 대한 강력한 윤리적 경고이자 철학적 원칙이다. 그는 20세기 중반 격변하는 정치적 상황 속에서 지식인이 단지 학문적 중립이나 기술적 객관성만 유지하는 것은 결국 권력의 불의에 침묵으로 동조하는 것과 다름없다고 보았다. 따라서 리더가 문제 앞에서 침묵하거나 책임을 회피하는 순간, 그는 조직 구조 속 불의와 모순에 사실상 암묵적으로 동조하는 셈이 된다. 반면, 구성원의 고통과 조직 내 모순을 외면하지 않고 이를 명확히 파악해 해결책을 모색하는 리더는 단순한 관리자를 넘어 실천하는 지식인으로 기능하게 된다.

현대 리더십의 위기는 지식의 부족에서 비롯된 것이 아니라 비판적 성찰의 부재와 실천 의지의 결핍에서 기인하는 경우가 많다. 예를 들어, 많은 조직에서 데이터 분석과 시장 조사 등 다양한 정보가 풍부하게 제공되지만 리더가 이를 단순한 숫자나 보고서로만 받아들이고 그 이면에 숨겨진 인간적인 문제나 조직 내 불평등을 성찰하지 않는 경우가 있다.

또한 윤리적 문제나 조직 내 갈등이 표면화되었을 때, 이를 외면하거나 '문제를 키우지 말자'는 이유로 회피하는 리더는 구성원들의 신뢰를 잃게 만든다. 예컨대, 직장 내 괴롭힘이나 차별 문제가 발생했음에도 불구하고 이를 구조적인 문제로 인식하지 않고 개인 간의 사소한 갈등으로 치부하며 적극적인 해결책을 마련하지 않는다면 조직 내 불신과 소외감은 더욱 커질 수밖에 없다.

더 나아가, 위기 상황에서 리더가 책임을 회피하고 명확한 방향 제시를 미루면 구성원들은 불안과 혼란에 빠지고 조직 전체의 사기 저하로 이어진다. 이는 단지 정보가 부족해서가 아니라 문제를 직시하고 해결하려는 실천 의지와 윤리적 책임감이 결여된 데서 발생하는 리더십의 본질적 위기다.

단순한 정보 처리 능력이나 기술적 역량만으로는 구성원의 마음과 신뢰를 얻을 수 없으며, 구성원의 신뢰는 권위가 아니라 윤리적 책임감에서 비롯된다. 사르트르가 지식인을 "자신이 타인의 억압에 기여하고 있음을 깨달은 사람"이라 정의했듯, 진정한 리더 역시 자신이 행사하는 권력과 결정이 구성원과 조직에 미치는 영향을 끊임없이 성찰하고 책임지는 자세를 가져야 한다.

따라서 리더가 지식인으로 거듭난다는 것은 자신이 속한 조직과 사회 구조를 깊이 인식하고 그 안에서 발생하는 문제들에 대해 윤리적 책임을 지는 존재로 변모한다는 의미이다. 이것은 단지 조직을 효율적으로 운영하는 기술 이상의 것으로 인간을 중심에 둔 감수성과 실천적 행동으로 구체화되어야 한다. 오늘날 조직이 요구하는 리더는 더 이상 '옳은 결정을 내리는 사람'이 아니라 '어떤 결정이 옳은지'를 함께 묻고 토론하며 공동의 책임을 다하는 사람이다.

지식인의 가장 큰 적은?

사르트르는 진정한 지식인의 가장 큰 적으로 '사이비 지식인'을 꼽았다. 사이비 지식인은 자신의 지식과 권력을 개인적 이익을 위해 왜곡하거나 오용하는 자들로 사회적 불의에 눈을 감거나 심지어 이를 정당화하는 데 일조한다. 그들은 진실을 은폐하여 사회 변혁의 가능성을 차단하고, 결국 지식인이 짊어져야 할 책임을 저버린 채 사회의 부조리를 심화시키는 역할을 한다.

흥미롭게도 사이비 지식인은 결코 "나는 사이비 지식인이다."라고 스스로 인정하지 않는다. 대신 "나는 아니다, 그러나…", "나도 잘 알고 있다, 그러나…"와 같은 표현을 즐겨 사용한다. 이러한 말투는 겉보기에는 겸손하고 합리적인 태도처럼 보이지만 사실은 문제의 핵심을 흐리고 책임 회피와 침묵을 정당화하는 논리적 장치로 작동한다.

"아니다, 그러나…"라는 표현은 문제를 완전히 부정하지는 않지만, 결국 행동이나 비판을 미루거나 희석시키는 결과를 낳는다. 이는 사회적 불의에 대해 명확한 입장을 회피하게 만들며 모호성과 불확실성 속에서 변화를 가로막는 장애물이 된다.

사르트르는 사이비 지식인을 다음과 같은 특징으로 규정했다.

▶ **권력과 결탁**: 지배 세력과 결합하여 그들의 이익을 대변한다.

▶ **책임회피**: 사회 문제에 대한 비판적 성찰을 피하고 자신의 안위만을 우선시한다.

▶ **대중기만**: 진실을 왜곡하거나 숨겨 사회적 혼란이나 무기력을 조장한다.

▶ **무책임한 말과 행동**: 실천 없이 말만 늘어놓거나 행동하지 않는다.

이러한 태도는 사회 변화를 가로막고 기존 권력 구조를 공고히 하는 데 일조한다.

오늘날 조직과 사회에서도 사이비 지식인의 모습은 여전히 다양하게 드러난다. 조직 내에서 권력 유지에만 몰두하며 구성원의 권리와 존엄을 무시하는 관리자나 리더들이 그 사례다. 이들은 문제의 본질을 회피하고 책임을 떠넘기며 조직문화의 건강한 발전을 방해한다. 사회 전반적으로도 진실을 은폐하거나 왜곡하는 정보 조작과 권력에 아부하는 지식인들이 존재하여 여전히 사회 정의 실현의 걸림돌이 되고 있다.

　그래서 진짜 지식인은 본질적으로 고독한 존재다. 그들은 환영받지 못한 질문을 던지고 체제의 안락함을 흔들며, 불편한 진실을 말하는 역할을 자처한다. 주류 담론이나 권력구조에 순응하지 않고 오히려 그것을 낯설게 바라보며 끊임없이 의문을 제기한다. 그 고독은 회피나 소외의 결과가 아니라 진실을 향한 책임 있는 실천이 불러오는 숙명이다. 사르트르가 말했듯, 지식인은 체제의 내부에 있으면서도 그것을 불편하게 만드는 사람이다. 그 불편함을 감수하고 견뎌내는 고독 속에서만 지식인은 비로소 자기 역할을 수행할 수 있다.

언어는
장전된 권총이다

"언어는 장전된 권총과도 같다Le langage est une arme chargée." 사르트르가 《문학이란 무엇인가Qu'est-ce que la littérature?》에서 언어학자인 브리스 파랭의 말을 인용하여 남긴 이 말은 그의 철학을 가장 압축적으로 보여준다. 언어는 단순한 소통의 도구가 아니다. 그것은 세계를 구성하고 현실에 개입하며, 인간의 실존을 규정짓는 힘이다.

사르트르뿐만 아니라 다수의 철학자들도 언어를 단지 의사소통의 수단으로 보지 않았다. 오히려 언어는 세계를 형성하고 실재에 영향을 미치는 물질적·존재론적 힘으로 간주되었다. 플라톤은 언어를 '이데아'를 드러내는 수단으로 보았고, 하이데거는 "언어는 존재의 집"이라 말하며 언어 안에서 인간이 자신과 세계를 이해하고 머무른다고 보았다.

언어는 단지 공기를 진동시키는 음파에 그치지 않는다. 우리의 감정, 사고, 신체 상태에까지 깊은 영향을 미친다. 현대 물리학과 생리학의 시각에서 보자면 인간은 약 60조 개의 세포로 구성된 존재이며, 각 세포는 미세한 전기적 · 화학적 신호를 주고받으며 끊임없이 진동한다. 인간의 몸은 정지된 실체가 아니라 지속적으로 에너지를 방출하고 수신하는 복합적인 에너지의 장field 으로 이해될 수 있다.

이러한 관점에서 언어는 단지 외부 세계를 향한 표현이 아니라 실질적으로 우리의 몸과 마음에 영향을 미치는 파동이다. 한 사람의 말 한마디가 상대방의 기분을 바꾸고, 심지어 심장 박동이나 호흡, 땀 분비와 같은 생리적 반응을 유도할 수 있는 이유가 바로 여기에 있다. 언어는 뇌파에 영향을 주고 반복되며 축적될 경우 인간의 행동 패턴과 사고방식, 나아가 정체성 형성에까지 관여하게 된다.

그러므로 언어는 결코 중립적일 수 없다. 언어는 단순한 전달 도구가 아니라 언제든 현실을 바꾸는 정치적 힘으로 작동하는 무기다. 말은 정보를 전달할 뿐 아니라, 감정을 자극하고, 관계를 재구성하며, 사회적 현실을 형성하고 변형시킨다. 다시 말해 언어는 언제든 의도를 가지고 발사될 수 있는 무기이며, 그 영향력은 실질적이고 파괴적이다.

한 걸음 더 나아가 사르트르는 "말하는 것은 곧 행동하는 것이다Parler, c'est agir ."라고 말했다. 이 말처럼 언어는 현실을 묘사하는 수단이 아니라 현실을 구성하고 규정하는 행위다. 예컨대 한 정치인이 "그들은 우리 일자리를 빼앗고 있다"고 말할 때 이 발언은 단순한 견해 표명이 아니다. 그것은 사회적 갈등을 조직하는 언어 행위이며, 특정 집단을 '적'으로 규정하는 효과를 낳는다. 이런 말 한마디는 정책 결정, 여론 형성, 심지어 폭력까지 유도할 수 있다.

이처럼 말은 현실을 만든다. 사람들은 종종 언어를 감정을 전달하거나 지식을 주고받는 도구로 생각한다. 그러나 사르트르에게 언어는 도구를 넘어선다. 그것은 권력관계를 구성하는 구조적 힘이다. 말을 한다는 것은 누군가를 대상으로 삼고, 그를 특정 위치에 놓는 것이며, 관계의 위계를 재구성하는 행위이기도 하다.

실제로 교사가 학생에게 "넌 늘 산만하구나."라고 반복해서 말하면 학생은 결국 그 말에 스스로를 맞춰가게 된다. 말은 현실을 묘사하는 것이 아니라 현실을 규정하고 창조하는 힘을 가진다. 그렇기에 언어는 방아쇠만 당기면 현실을 변화시킬 수 있는 장전된 권총인 것이다.

이 언어의 힘은 식민주의 맥락에서 더욱 선명하게 드러난다. 사르트르는 알제리 전쟁 당시 프랑스 식민주의를 비판하면서 언어가 단순한 소통 수단을 넘어 사고방식을 지배하는 도구임을 강조했다. 프랑스는 식민지 아동들에게 프랑스어 사용을 강요했는데 이는 언어 교육을 가장한 문화 말살과 정체성 침탈의 수단이었다. "프랑스어를 말하라"는 명령은 "너의 문화를 잊어라", "너는 열등하다"는 무언의 메시지를 담고 있었다.

이와 같은 구조는 일제강점기 조선에서도 반복되었다. 일본은 식민 통치를 정당화하고 효율화하기 위해 일본어 사용을 제도화했다. 학교에서는 조선어 사용을 금지하고, '국어 상용國語常用'이라는 이름으로 일본어 사용을 강제했다. 심지어 창씨개명과 함께 이름조차 일본식으로 바꾸게 함으로써, 언어와 정체성, 존재 자체를 재구성하려 했다. 이처럼 언어는 군사적 무력보다 더 지속적이고 은밀한 지배를 가능하게 했다. 피지배자가 스스로를 열등하다고 믿게 만드는 내면화된 무기가 바로 언어다.

리더는 말로 조직을 만든다

사르트르는 언어가 타인을 특정 위치에 놓는 구조적 힘을 가진다고 말했다. 이 말은 조직에서 더욱 강력하게 작동한다. 리더의 말은 단순한 커뮤니케이션이 아니다. 그것은 위계를 만들거나 허무는 도구이며, 팀의 규범과 정서를 결정짓는 구조적 장치다.

예를 들어, "보고해."라는 말은 상-하 관계를 전제한 명령이다. 반면 "의견을 듣고 싶어."는 상호 존중의 수평적 관계를 전제한다. 마찬가지로 "실수하면 책임져야 해."는 처벌의 문화를 암시하는 반면, "실수는 학습의 기회야."는 성장의 문화를 암시한다.

조직 내 언어 선택은 구성원들이 자신의 위치를 어떻게 인식할지 결정짓는다. 리더의 언어는 눈에 보이지 않는 위계를 만들거나 해체한다. 따라서 언어는 조직의 보이지 않는 구조를 강화하거나 전복하는 핵심 장치다.

현실을 묘사하는 수단이 아니라 현실을 구성하고 규정하는 힘이라는 점에서 언어는 곧 실천이다. 이러한 사르트르의 언어철학을 오늘날의 조직 경영에 적용하면 리더의 말 한마디는 단순한 지시가 아니라 조직의 기류를 만든다.

리더가 "이 일은 왜 이렇게 오래 걸려?"라고 말하는 순간, 이 언어는 구성원에게 '불신', '책임 추궁', '압박'이라는 정서를 전달한다. 표면상으로는 질문이지만 실질적으로는 정답을 정해놓은 비난에 가깝다. 반면, 같은 상황에서 "어떤 장애물이 있었는지 함께 보자."고 말한다면 리더는 협력적 태도와 문제해결 중심의 문화를 조성한다. 실질적 문제는 개인이 아니라 시스템이며, 해결은 함께 도출해내는 것이라는 메시지를 전한다.

더욱이 권력을 가진 리더는 말할 기회가 많고 그 목소리를 들으려는 청자는 항상 대기 중이다. 문제는 권력이 클수록 자신의 고통은 더 말하고, 타인의 고통에는 덜 귀 기울인다는 점이다. 이러한 목소리의 불균형은 단순한 개인 차원이 아니라 사회 구조적 불평등의 결과이자, 또 다른 불평등을 만들어내는 원인이 되어 악순환을 낳는다. 결국 권력은 타인의 고통에 무감각해질 뿐 아니라 억울함이라는 피해자의 심리상태마저 점유하게 된다. 이는 고통의 중심에 있어야 할 타인의 경험을 밀어내고 권력자가 피해자의 자리를 차지하는 구조를 만든다.

언어는 무형의 건축물이다. 말투 하나, 질문 하나가 조직의 심리적 안전감, 권력 구조, 행동 양식을 규정한다. 언어는 방아쇠를 당기는 행위처럼 구성원의 자율성과 의욕, 팀워크에 즉각적이고 실질적인 영향을 미친다. 따라서 리더는 감정에 휘둘려 말을 던지기보다는 언어가 만들어 낼 파장과 구조적 효과를 깊이 인식하고 신중히 선택해야 한다. 무심코 뱉은 한 마디가 위계를 강화하고 불안을 조장할 수도 있으며, 반대로 신뢰와 협력의 문화를 세울 수도 있다. 리더의 언어는 단지 말이 아니라 조직의 방향을 설계하고 구성원의 심리를 지지하는 토대가 된다.

디지털 시대, 언어는 권력이다

오늘날 디지털 시대의 언어는 더 이상 단순한 의사소통의 수단이 아니다. 언어는 정서를 조직하고, 권력을 형성하며, 공동체의 방향성을 결정짓는 핵심 도구로 작동하고 있다. 특히 SNS라는 플랫폼을 통해 모든 사람에게 발언권이 주어진 것처럼 보이지만, 그 공간은 결코 평등한 장이 아니다. 외형적으로는 누구나 말할 수 있는 민주적 공간처럼 보일지라도 실제로는 새로운 위계와 권력 질서가 작동하는 구조로 굳어져 가고 있다.

SNS에서의 권력은 팔로워와 조회수, 좋아요 수, 댓글과 공유의 양 같은 수치로 가시화된다. 이 수치는 곧 알고리즘에 반영되고, 더 많은 노출로 이어진다. 언뜻 보기에는 누구나 말할 수 있는 구조지만, 실질적으로는 발언의 도달력에서 극단적인 격차가 발생한다. 누군가의 말은 폭넓게 퍼지며 사회적 의제를 주도하고, 다른 누군가의 말은 시작부터 묻히고 지워진다. 이처럼 노출되는 말과 묻히는 말 사이에는 심각한 권력의 간극이 존재한다.

더 나아가, 이 권력은 단지 인기도의 문제가 아니다. 디지털 권력은 감정의 흐름을 통제하고, 공적 담론의 방향을 결정짓는다. 때로는 현실 정치나 사회 운동의 동력으로 작용하기도 하며, 한 인플루언서의 말 한마디가 커뮤니티를 결집시키거나 반대로 분열시키는 강력한 촉매제가 된다. 이런 권력은 단순한 정보가 아닌 정서적 유대와 사회적 신뢰를 자산으로 삼으며, 일종의 사회 자본으로 축적된다.

디지털 언어는 정보 전달을 넘어 감정의 방아쇠 역할도 한다. 짧고 강렬한 문장, 직관적인 이미지, 해시태그로 압축된 담론은 빠르게 공감과 분노를 확산시키고, 대중을 특정한 프레임 안으로 유도한다. 때로는 공동체의 신뢰를 구축하는 설계도가 되지만, 반대로 혐오와 편가르기를 조장하는 무기가 되기도 한다. 문제는 이 감정의 언어가 선동으로 변질되는 지점이다. 특정 인플루언서의 발언이 팬덤화되며, 비판적 사고 없이 맹목적으로 복제된다. 감정은 증폭되고 맥락은 삭제되며, 논의는 진영 논리에 갇혀 진흙탕으로 빠진다.

이때 주목받는 것은 이슈의 본질이 아니라 "누가 이겼는가?", "누가 더 많은 '좋아요!'를 받았는가?"다. 디지털 언어는 개인의 분노와 집단의 정체성을 빠르게 결합시키며, 자기 생각이라 믿고 외치는 말조차 사실은 누군가가 설계한 프레임 안에서 움직이는 경우가 많다. 그렇다면 왜 사람들은 디지털 분쟁에 쉽게 가담하는 걸까?

첫째는 감정적 의존성이다.

많은 사람들은 자신이 갖지 못한 영향력과 발언권을 가진 인물에게 감정적으로 의탁한다. 그들의 시선을 통해 세상을 바라보고, 마치 자신의 문제인 양 분노하고 투쟁한다. 이는 전통적인 팬덤 구조와 유사하며, 디지털 팬덤은 더욱 감정적으로 밀착되어 있다.

둘째는 지적 조급함 혹은 맥락만을 읽으려는 게으름이다.

우리는 하루에도 수백 개의 메시지를 소비한다. 방대한 정보량 속에서 사람들은 단편적인 자극에 더 민감해지고, 복잡한 맥락을 이해하기보다는 단순한 서사에 올라탄다. 결국 이성적 성찰보다 감정적 반응이 앞서는 사회가 만들어지며, 비판보다 동조가 힘을 갖는다.

결국 우리는 스스로에게 질문해야 한다.

"지금 내가 믿고 따르는 이 언어는 누구의 것인가?", "그 언어는 나를 확장시키는가, 아니면 프레임 속에 가두는가?", "나는 내 눈으로 세상을 보고 있는가, 아니면 누군가가 씌운 색안경을 통해 보고 있는가?"

사르트르의 말처럼 '언어는 장전된 권총'이다. 이는 단순히 언어의 위험성을 경고하는 문장이 아니다. 그것은 말하는 자에게 윤리적 책임을 묻는 문장이다.

"지금 내가 말하려는 이 한 문장이 누구를 향하고 있으며, 무엇을 강화하고 무엇을 파괴하고 있는가?"

이 질문을 우리는 끊임없이 던져야 한다. 권력자와 디지털 언어는 단지 말의 문제가 아니다. 그것은 선택의 문제이며 동시에 책임의 문제다. 언어는 공동체를 지탱할 수도 있고 갈라놓을 수도 있다. 누구나 말할 수 있는 시대이기에 우리는 더더욱 조심스럽게 말해야 한다. 감정의 힘에 기댄 한 문장이 누군가에게는 돌이킬 수 없는 상처가 되기 때문이다.

역경은
철학의 모태다

사르트르는 20세기 프랑스를 대표하는 실존주의 철학자이자 문학가, 그리고 행동하는 지식인으로 널리 알려져 있다. 그는 철학, 문학, 정치, 저널리즘, 비평, 연극, 르포르타주, 라디오방송, 상송 작사 등 거의 모든 장르를 넘나들며 활동한 전방위 지식인이었다. 15,000쪽에 달하는 50여 편의 작품을 남겼고, 책·기사·강연·인터뷰를 포함해 약 600편 이상의 글과 발화를 남겼다. 영화 제작을 제외하고는 대부분의 영역에서 두각을 나타냈다는 점에서 그는 단순한 철학자가 아니라 시대를 비추는 문화의 거울이자 행동하는 양심이었다.

그러나 사르트르의 철학이 단지 사변적 사유의 결과로 탄생한 것은 아니다. 그의 사상은 철저히 고통과 결핍, 실존적 위기의 체험 속에서 길어 올린 것이었다. 다시 말해, 그의 철학은 삶과 단절되지 않았으며, 오히려 삶의 가장 깊은 어둠 속에서 빚어진 것이다.

사르트르는 태어난 지 15개월 만에 아버지를 폐렴으로 잃었다. 어린 그는 어머니와 함께 외가로 거처를 옮겨 외조부 밑에서 성장했다. 가부장적 모델의 부재는 그에게 일찍이 남성성에 대한 정체성 혼란과 자아 형성의 위기를 안겨주었다. 그는 자서전 《말》에서 자신을 "아버지 없는 아이"로 규정하며, 권위나 전통에 의존하지 않고 스스로의 방식으로 세계와 관계 맺는 법을 배워야 했다고 고백한다.

한편 어머니의 재혼은 새아버지에게 무엇인가를 보여줘야 한다는 생각과 동시에 그에 대한 방항심을 품게 만들었다. 이처럼 어린 시절의 결핍과 가정환경의 임의성은 그로 하여금 타인의 시선이 아닌 자기 자신을 중심으로 사고하고, '존재란 무엇인가?'라는 질문을 일찍부터 품게 만들었다. 훗날 사르트르는 자신이 철학 공부를 하게 된 이유 중의 하나가 새아버지를 이겨 보겠다는 심리였다고 회상했다.

사르트르의 외적 조건 또한 결코 순탄하지 않았다. 그는 선천적으로 사시였고, 왼쪽 눈의 시력을 잃어 평생을 한쪽 눈으로 살아야 했다. 그의 왜소한 체격, 작은 키, 고르지 못한 얼굴은 학창 시절부터 지속적인 열등감의 원인이 되었으며, 타인의 시선에 대한 민감성과 자기의식은 철학적 사유의 중요한 기반이 되었다. 그는 "나는 나를 꾸며주거나 감싸줄 수 없는 존재였다. 그래서 내 존재를 증명하기 위해 더 많은 말을 해야만 했다."고 말하곤 했다.

그의 생애에서 가장 극적인 전환점은 두 차례의 세계대전이었다. 1939년 제2차 세계대전 발발 후, 사르트르는 프랑스군에 입대해 기상 관측병으로 복무했으며, 1940년에는 독일군에게 붙잡혀 약 9개월간 포로수용소에 수감되었다. 수용소 생활은 그에게 단순한 체험이 아닌 인간의 자유와 한계, 선택과 책임이라는 실존적 문제에 대한 극한의 물음을 던지는 시간이 되었다. 감시와 통제, 자유의 박탈 속에서 그는 인간이 처한 본질적 조건―던져진 존재로서의 인간―을 절감했고, 이후《존재와 무》에 이르는 실존주의 체계는 이 시기를 기점으로 결정적으로 무르익었다.

전쟁 이후 사르트르는 철학적 사유에만 머물지 않았다. 그는 자신이 사유한 바를 실천하고자 정치적 행동에 적극 나섰다. 알제리 전쟁, 베트남 전쟁, 68혁명, 냉전기의 반제국주의 운동에 이르기까지 그는 시대의 양심으로서 존재하고자 했다. 특히 공산주의와 소련에 대한 지지는 많은 비판을 낳았지만, 그 역시 체제 내부의 모순과 한계를 외면하지는 않았다. 그는 "진보를 위해 불편한 진실도 견뎌야 한다"는 입장을 견지하며, 진보적 폭력을 인정하는 급진적 입장을 택하기도 했다. 그러나 이런 급진성과 양면성은 수많은 비난을 불러왔고, 그의 철학은 종종 오해되거나 왜곡되었다.

　문학 활동에서도 그는 격렬한 반응을 불러일으켰다. 프랑스 지성인의 신문이라는《르 몽드》는 사르트르의 대표적 소설《자유의 길》을 "군대 간이변소의 더러운 냄새를 발산하여 구역질을 일으키는 책"이라고 비판했다. 당시 가장 많이 팔린다는 대중잡지《파리 마치》는 "사르트르 한 사람만으로도 내전의 무기가 된다."고 썼다. 사르트르의 주저《존재와 무》는 그 무게가 1kg이어서 식료품상이 저울로 사용하기 너무 좋아 히트했다고 그의 친구가 빈정거렸고, 프랑스에서 가장 유명한 출판사 사장인 갈리마르는 사르트르의《성 주네》를 출판한 것이 그 출판사에서 씻을 수 없는 치욕이라고 말했다.

　인류학자 레비스트로스는 사르트르를 '더러운 놈'이라 불렀고, 프랑크푸르트 학파의 호르크하이머는 그를 '깡패'라 칭했다. 심지어 사르트르의 희곡《더러운 손》은 벨기에에서,《닫힌 문》은 영국에서 상연이 금지되었다. 그의 아파트는 두 차례, 현대사옥은 한 차례 플라스틱 폭탄 세례를 받았다. 상제리에서는 "사르트르를 죽여라!"라고 외치는 데모가 행해졌다.[3]

　1970년대에 접어들면서 사르트르는 급격히 건강이 악화되었고, 특히 시력을 거의 잃게 되면서 집필 활동에 큰 제약이 생겼다. 그는 점차 외부 세계와 단절되었으며, 철학적·정치적 발언도 줄어들었다. 한때 세상을 향해 거침없이 말하고 싸우고 쓰던 그는 말년에는 점점 침묵 속의 철학자로 남게 되었다. 그러나 침묵 속에서도 그의 사유는 멈추지 않았으며, 그것은 여전히 자유와 책임이라는 실존주의의 불씨를 간직한 채, 오늘날까지도 깊은 반향을 남기고 있다.

고통을 사유로 바꾸는 법

사르트르의 삶은 단순한 극복의 서사가 아니다. 그는 인생의 고난을 무릎 꿇고 이겨낸 것이 아니라 전복시키고 전환시켜 전례 없는 사유의 세계로 이끌었다. 사르트르가 보여준 가장 인상적인 태도 중 하나는 자신의 한계를 부정하거나 제거하려 하지 않았다는 점이다. 그는 자신의 신체적 결함, 시대적 제약, 사회적 비판을 극복의 대상으로 삼기보다는 그 한계를 인정하고 그 안에서 살아갈 방식을 모색했다.

이는 실존주의의 핵심과도 맞닿아 있다. 사르트르는 자신에게 주어진 조건들을 전제이자 출발점으로 삼았으며, 그것을 억누르려 하거나 극복하려는 강박에 사로잡히지 않았다. 그는 한계를 과도하게 의식하면 오히려 그것이 더욱 견고해진다는 점을 직관적으로 알고 있었고, 한계를 무너뜨리기보다 그 옆을 지나가는 방식으로 삶을 설계했다. 이것이 바로 그가 보여준 한계와의 공존이라는 실존적 전략이다.

사르트르는 인생 초반부터 아버지의 부재, 외조부의 교육, 외모에 대한 열등감은 그를 쉽게 희생자의 위치로 끌어내릴 수 있는 조건들이었다. 그러나 그는 이러한 조건에 항복하지 않았다. 대신, 그는 자기 자신을 형성하는 주체로 스스로를 규정했다. 자서전《말》에서 그는 어린 시절을 돌아보며 자신은 "존재하지 않던 자신을 발명해야 했다"고 말한다. 이는 단순한 심리적 반성이 아니라 '나는 나를 만들어야 한다.'는 실존주의의 핵심 명제를 가장 먼저 자신의 삶에 대입한 것이다. 그는 자기 연민에 빠지는 대신, 결핍을 자율적 사유의 기초로 전환시켰다. 피해자로 존재하는 대신, 결핍을 발판 삼아 자신이 되는 방식으로 나아간 것이다.

사르트르가 고난을 철학으로 승화시킬 수 있었던 핵심은 그가 철저히 사유의 사람이었다는 점이다. 그는 세계의 부조리, 인간의 고통, 정치적 모순 등을 단순한 감정의 언어가 아닌 철학적 언어로 번역해냈다. 사르트르의 "실존은 본질에 앞선다"는 명제는 그의 삶의 경험에서 직접적으로 연유한다. 그는 아버지의 아들이라는 정체성을 이어받지 않았고 외모나 가정환경이라는 본질에 갇히지 않았다. 오히려 그 모든 것의 이후에 그는 존재하기 시작했다. 그에게 있어 철학은 고통을 해석하는 도구였고, 동시에 고통을 넘어설 수 있게 해주는 정신적 버팀목이었다.

사르트르가 고난을 극복한 또 하나의 방식은 실천이었다. 그는 글을 쓰고, 강연을 하고, 거리로 나섰다. 철학은 그에게 책상 위의 사유가 아니었다. 그는 자신이 생각한 바를 행동으로 옮김으로써 자신의 존재를 더욱 분명하게 증명하려 했다. 이런 점에서 사르트르는 단순한 지식인이 아니라 행동하는 지식인이었다.

그가 알제리 독립전쟁을 지지하고, 베트남 반전 운동에 참여하며, 68혁명 당시 학생들과 함께 거리로 나선 것은 단순한 정치적 제스처가 아니었다. 그것은 그 자신이 겪은 부자유와 고통의 기억을 사회 구조 속에서 다시 해석하고, 타인의 억압에 연대함으로써 자신의 고통을 넘어서는 방식이었다. 그는 말과 행동을 분리하지 않았다. 말은 그에게 무기였고, 행동은 철학의 검증이었다.

사르트르의 극복은 결코 혼자 이루어진 것이 아니다. 그의 삶에는 시몬 드 보부아르라는 지적 동반자가 있었다. 이들은 비전통적인 관계 속에서 서로의 사유를 자극하고 실존적 고독을 서로의 지적 존재로 채워나갔다. 보부아르는 사르트르에게 단순한 연인이 아니었다. 그녀는 그에게 인간 존재에 대한 성찰을 더욱 다면화시키는 거울이었으며, 삶과 철학을 일치시키는 데 있어 결정적인 동반자였다. 두 사람은 서로에게 필수적 타자로 존재하며, 사르트르가 말한 타자의 시선 속에서 자신을 정의하는 존재라는 실존주의 명제를 삶 속에서 실험했다.

마지막으로, 사르트르는 글쓰기를 통해 고통을 구조화하고 치유했다. 그는 "글을 쓴다는 것은 세상을 다시 배치하는 일"이라고 말한다. 글쓰기를 통해 그는 감정의 폭발을 정리하고, 경험을 개념화하며, 고통의 서사를 정치적·철학적 언어로 전환했다. 그에게 글쓰기는 자아의 투쟁이었고, 사회를 향한 성찰이었으며, 동시에 자신의 존재를 증명하는 행위였다. 《구토》《존재와 무》《문학이란 무엇인가》는 모두 개인의 고통에서 출발했지만 그 고통을 철학적 언어로 치환한 작품들이다. 그는 글쓰기를 통해 타인의 고통에 말을 부여했고, 고통받는 존재들이 존재로 다시 일어설 수 있도록 언어의 뼈대를 제공했다.

그는 시력을 잃으면서도 "나는 볼 수 없지만 아직도 자유롭게 생각할 수 있다"고 말한 바 있다. 그의 철학은 끝까지 조건을 탓하지 않고 주체로서 남기 위한 싸움이었다. 육체는 쇠약해졌지만 실존의 정신은 끝까지 살아 있었다.

한계 위에서 다시 서는 법

사르트르는 인간을 '던져진 존재 être-jeté'라고 표현했다. 인간은 자신의 의지와 무관하게 태어나며 출생, 육체, 가정환경, 역사적 조건 등 선택할 수 없는 한계 속에 내던져진 상태에서 삶을 시작한다. 그러나 이러한 던져진 조건은 인간의 운명을 결정짓는 최종적인 요소가 아니다. 오히려 그 안에서 스스로를 정의하고 창조할 자유와 책임이 주어진 출발점이다.

이 개념은 기업에도 그대로 적용된다. 기업은 예측 불가능한 시장 변화, 기술 혁신, 팬데믹, 지정학적 위기, 관세전쟁 등 통제할 수 없는 외부 환경에 던져진 존재다. 이러한 조건은 피할 수 없는 현실이지만 기업이 그 속에서 '무엇이 될 것인가?'를 선택하고 행동하는 능동성에 따라 결과가 달라진다. 위기는 기업을 무력화시키는 요인이 아니라 정체성을 재구성하고 새로운 전략을 창조하는 기회가 된다.

사르트르는 자신의 아버지 부재, 시력 문제, 신체적 결함, 문학에 대한 모욕 등 많은 한계 속에서 자신을 발명해야 했다고 말했다. 그는 "나는 존재하지 않던 자신을 창조해야 했다"고 고백하며 던져진 조건을 핑계가 아닌 자기실현의 출발점으로 받아들였다. 인간은 환경에 의해 수동적으로 규정되는 존재가 아니라 자신의 실존을 능동적으로 만들어가는 주체다. 좌절 역시 마찬가지다. 좌절은 단순히 피해야 할 고통이나 실패가 아니라 우리가 마주한 '던져진 조건'의 일부일 뿐이다. 이를 어떻게 받아들이고 대응하느냐에 따라 자신의 정체성을 다시 정의하는 전환점이 된다. 강한 사람은 좌절을 두려워하지 않고, 그 속에서 내면의 힘을 발견하며 성장한다. 좌절은 후퇴가 아니라 자유로운 존재로서 주체성을 확장하는 순간이다.

반대로 좌절을 회피하거나 도망치는 사람은 자신에게 주어진 자유와 책임을 포기하는 것이다. 실존주의의 핵심은 자유지만 그 자유에는 책임이 따른다. 좌절 앞에서 도망치는 것은 이 자유를 포기하는 것이고, 정면으로 맞서 자신을 재구성하는 것은 자유를 실현하는 길이다.

덴마크의 블록 장난감 회사 레고의 사례는 이러한 관점을 잘 보여준다. 1990년대 후반, 레고는 디지털 게임과 온라인 콘텐츠가 급격히 확산되면서 심각한 위기에 놓였다. 아이들은 더 이상 손으로 블록을 조립하는 놀이에 큰 흥미를 느끼지 않았고, 레고의 전통적 제품군과 놀이방식은 점점 시대에 뒤처졌다. 레고는 처음에 다양한 테마와 제품을 늘리는 단순 확장 전략을 시도했지만 놀이문화의 근본적인 변화에는 대응하지 못했다. 결과적으로 매출은 급감했고, 2003년에는 파산 직전까지 몰렸다.

이때 레고는 사르트르의 '던져진 존재' 개념처럼 근본적인 전환을 선택했다. 단순한 플라스틱 블록 제조업체라는 정체성을 넘어, 아이들의 창의성과 상상력을 자극하는 '구조적 놀이 경험'을 중심에 둔 새로운 정체성을 세웠다. 이를 바탕으로 다음과 같은 전략을 추진했다.

첫째, 대중적인 영화 시리즈인 '스타워즈'와 '해리포터' 등과 라이선스 계약을 맺어 단순한 블록 조립을 넘어서 이야기와 상상력이 결합된 창의적 놀이 경험을 제공했다.

둘째, 'LEGO Star Wars', 'LEGO Batman' 등 비디오 게임과 애니메이션 등 디지털 콘텐츠를 적극적으로 개발해 디지털 전환을 이뤘다.

셋째, 레고랜드 테마파크를 개장하여 제품을 넘는 체험형 공간을 마련하여 고객에게 브랜드 경험을 확장했다.

넷째, 사용자들이 직접 디자인에 참여하는 'LEGO Ideas' 플랫폼을 도입해 고객과 공동으로 새로운 제품을 개발하는 커뮤니티 혁신을 실현했다.

이러한 변화는 단순한 위기 대응이나 생존 전략을 넘어 레고의 정체성을 확장하고 재창조하는 실존적 도전이었다. 레고는 자신에게 던져진 환경적 제약을 인정하면서도 그 안에서 자신이 무엇이 될지 능동적으로 선택함으로써 새로운 성장과 성공을 이뤄냈다.

결국 인간과 기업 모두에게 던져진 조건은 피할 수 없는 현실이지만 그것은 곧 선택과 행동을 요구하는 계기다. 좌절과 위기 앞에서 도망치는 것은 자유와 책임을 포기하는 것이며, 맞서 싸우고 자신을 재창조하는 것은 진정한 자유와 성장의 시작이다. 약한 사람은 좌절 앞에서 물러선다. 하지만 강한 사람은 그 속에서 자신을 다시 만들어낸다. 그것이 실존적 용기이며, 진정한 성장의 시작이다.

철학이
소설이 될 때

사르트르는 흔히 '20세기의 볼테르'로 불린다. 이 명칭은 단순히 그의 지적 영향력이나 사회적 발언권을 의미하는 데 그치지 않는다. 그것은 그가 철학, 문학, 정치, 사회, 역사 등 인간 존재와 삶의 근본 문제를 다각도에서 성찰하고, 이를 하나의 통합된 지식 체계로 표현한 전방위 지식인이었음을 상징적으로 드러내는 표현이다.

계몽주의 시대의 대표 지식인이었던 볼테르가 시대의 부조리를 비판하며 사회를 향해 발언했던 것처럼, 사르트르 역시 20세기 현대 사회의 복잡한 현실과 인간 조건을 철저히 사유하고 그에 응답했다. 그는 시대정신을 비판적으로 반영하고, 동시에 그것을 실천적으로 이끌어가는 전형적인 참여하는 지식인이었다.

사르트르의 작업에서 가장 독창적이고도 주목할 만한 점은 철학과 문학이라는 두 영역을 엄격히 구분하지 않고 오히려 그 것들을 상호교차시키며 새로운 사유와 표현의 방식을 만들어 냈다는 점이다. 일반적으로 철학은 논리와 개념의 언어로 진리를 추구하고, 문학은 감성과 상상의 언어로 인간을 표현하는 예술로 여겨진다.

그러나 사르트르는 이러한 분리된 전통을 거부했다. 그는 철학적 사유를 문학적 형식 안에 녹여냈고, 문학적 감수성을 철학적 구조 속에 조직함으로써 두 영역의 경계를 허물었다. 그에게 철학과 문학은 각각 다른 목적을 지닌 이질적 작업이 아니라 인간 실존의 문제를 입체적이고 총체적으로 이해하고 표현하기 위한 하나의 연속적 사유 행위였다.

그의 대표적인 철학 저작인 《존재와 무》는 현상학과 실존주의 철학의 복잡한 개념들을 치밀하게 탐구한 결과물이며, 소설 《구토》는 그러한 철학적 통찰이 내면의 혼란과 일상의 불안이라는 감각적 체험으로 재현된 문학적 실험이다. 《구토》에서 독자는 주인공 로캉탱의 시선을 통해 실존적 불안을 직접 체험하게 되며, 이는 단순한 문학적 서사라기보다는 철학적 문제제기의 또다른 형식이라 할 수 있다.

이렇듯 사르트르의 작품들은 철학이 문학을 통해 살아 움직이고, 문학이 철학을 통해 사유의 깊이를 얻는 방식으로 상호 보완된다. 그래서 그의 소설들은 '철학적 소설'로 불리며, 문학과 철학의 경계를 가로지르는 독특한 위상을 가진다.

물론 이에 대한 평가는 엇갈린다. 일부 평론가들은 사르트르가 본래 철학자였기 때문에 그의 문학적 성취는 상대적으로 부족하다고 지적한다. 그러나 반대로 그의 철학이 문학적 기법에 영향을 미쳤기 때문에 도리어 독창성과 실험성이 두드러진다는 평가도 존재한다. 다시 말해 그의 문학은 기존 문학의 문법에서 벗어난 만큼 전통적 기준으로는 판단하기 어렵지만 새로운 사유의 형식을 개척했다는 점에서 오히려 가치가 있다.

이러한 철학과 문학의 융합은 20세기 중반 프랑스 지식인 사회에서 매우 이례적인 현상이었다. 당대의 대부분 지식인들은 특정 학문 분야에 전문화되어 활동했거나 철학과 문학을 별개의 영역으로 구분했다. 그러나 사르트르는 그 경계를 넘나들며 인간과 사회를 총체적으로 이해하려는 전면적 지식인의 길을 택했다.

그는 철학적 문제 제기, 문학적 형상화, 정치적 실천을 분리하지 않고, 그것들을 삶과 시대에 대한 응답으로 하나로 결합시켰다. 그가 직접 창간한 잡지《모던 타임스》는 바로 이러한 그의 지식인적 태도와 실천을 상징하는 플랫폼이었으며, 강연과 정치 참여를 통해 사유와 현실이 분리될 수 없다는 점을 행동으로 증명했다.

결국 사르트르는 철학자이자 작가, 동시에 행동하는 사회 참여자로서 하나의 정체성에 머무르지 않았다. 그는 인간 실존에 대한 철학적 통찰을 문학적 형식으로 구현하고, 그것을 다시 현실 정치와 사회적 맥락 속에서 실천한 전면적 지식인이었다. 그런 점에서 사르트르를 '20세기의 볼테르'라고 부르는 것은 그의 위대한 지적 아이콘으로서의 위상을 상징적으로 드러내는 표현이라 할 수 있다.

다학제적 사고가 필요한 이유

　오늘날의 경영 환경은 복잡성 Complexity , 불확실성 Uncertainty , 변동성 Volatility , 모호성 Ambiguity 이 극대화된 이른바 VUCA의 시대다. 이러한 환경 속에서 기업은 끊임없이 변화하는 기술, 시장, 사회적 요구에 대응해야 하며, 기존의 일방향적이고 고립된 사고방식만으로는 생존조차 위태로워질 수 있다.

　따라서 현대 경영자는 특정 분야의 전문성에만 의존하는 것이 아니라 분야 간 경계를 넘나드는 사고방식, 다시 말해 다학제적 transdisciplinary 사고와 전방위적 시야를 반드시 갖추어야 한다. 이는 단지 선택이 아니라 생존의 전제조건이다. 마치 사르트르가 철학과 문학, 정치 비평을 넘나들며 시대의 본질을 사유했던 것처럼 오늘날의 경영자도 하나의 관점에 머무르지 않고, 다양한 지식과 언어를 유기적으로 연결해야만 변화의 흐름을 읽고 미래를 설계할 수 있다.

현대의 경영 이슈는 기술, 경제, 사회, 문화, 환경, 법률 등 다층적이고 상호 얽힌 요소들로 구성된다. 이를 단일 분야의 전문 지식으로 해결하려는 시도는 복잡한 생태계를 단선적으로 해석하는 오류에 빠지기 쉽다.

예를 들어, 한 자동차 기업이 친환경 전기차 개발을 추진할 경우 공학적 기술력만으로는 문제 해결이 불가능하다. 기술적으로는 배터리 효율과 충전 인프라, 자율주행 시스템이 관건이며, 경제적으로는 보조금 정책, 원자재 가격, 글로벌 경쟁사가 고려 대상이 된다. 동시에 사회적으로는 친환경에 대한 소비자 인식, 정부의 규제, 문화적 수용성을 이해해야 하며, 환경적으로는 탄소 배출 감축, 자원 재활용, 지속가능성에 대한 평가가 필수다. 더불어 법률적 측면에서는 개인정보 보호와 자율주행 관련 법제도, 국제 무역 규범 등을 검토해야 한다.

이렇듯 경영 문제는 서로 다른 분야의 지식과 가치들이 교차하는 복합적이고 입체적인 구조를 띠고 있다. 이 구조를 제대로 해석하고 조율하기 위해서는 각 분야의 언어를 이해하고, 그 사이에서 의미 있는 맥락을 구성할 수 있는 다학제적 통찰이 요구된다.

오늘날의 경영자는 단순한 관리자나 지시자가 아니라 기술 개발자, 마케팅 전문가, 디자이너, 데이터 분석가, 정책 담당자 등 다양한 전문가들 사이의 의사소통을 중재하고 통합적인 그림을 그리는 번역자이자 조율자다. 각 분야의 보고서와 데이터를 해석하는 데서 그치지 않고, 이를 기반으로 미래 시나리오를 구성하고, 조직이 나아갈 전략을 설계할 수 있어야 한다.

기술의 진보 속도는 산업 간 경계를 무너뜨리고 있으며, 이로 인해 예측 불가능한 신시장이 속속 등장하고 있다. 기존 산업의 경험이나 과거의 성공 공식을 고수하는 경영자는 변화의 흐름에 뒤처질 수밖에 없다. 따라서 융합적 사고와 유연한 해석력이야말로 미래 경영의 핵심역량이다.

역사적으로도 파괴적 혁신은 한 분야에 고립된 사고가 아닌, 서로 다른 분야 간의 창의적 결합에서 탄생해왔다. 아이폰은 단순한 기술의 집합체가 아니라 통신기기와 컴퓨터 기술, 콘텐츠 플랫폼, 디자인 감각, 사용자 경험이라는 다양한 요소들이 유기적으로 융합된 결과물이다.

스티브 잡스는 공학자이기 이전에 인문학적 직관, 기술에 대한 이해, 그리고 시장을 꿰뚫는 감각을 동시에 갖춘 전방위적 사고의 소유자였다. 그는 소비자가 아직 인식하지 못한 욕구를 먼저 발견하고, 이를 충족시킬 제품과 서비스를 구상했다. 스티브 잡스는 "애플이 아이폰, 아이패드를 만든 것은 우리가 항상 기술과 인문학의 갈림길에서 고민했기 때문이다."라고 성공 비결을 설명했다. 이처럼 잠재된 기회를 발견하고 기존 산업의 고정관념을 해체하는 능력은 오직 다학제적 사고에서 비롯된다.

에어비앤비의 사례 역시 이를 잘 보여준다. 이 기업은 단순한 숙박 플랫폼이 아니라 부동산의 유휴 자산을 디지털 기술로 연결하고, 신뢰라는 사회적 자본을 기반으로 새로운 비즈니스 모델을 창출했다. 여기에는 숙박업, 부동산, 기술, 사회학, 심리학이 유기적으로 융합되어 있다. 이는 마치 거대한 숲을 보기 위해 나무 하나하나를 자세히 살피는 것을 넘어 숲 전체의 생태계를 이해하려는 노력과 같다.

왜 경영자는 다학제적 사고가 필요한가?

배경	이유
복합 문제 해결	기술, 윤리, 사회 등 다양한 분야의 지식이 요구됨
산업 경계 붕괴	융합과 연결 능력이 경쟁력의 핵심이 됨
불확실성 시대 대응	다양한 시나리오와 전방위적 통찰이 필요
인간 중심 가치 창출	심리·문화적 이해가 핵심역량으로 부상
파괴적 혁신	서로 다른 분야를 연결해 새로운 가치를 만드는 능력 필요

이러한 다학제적 사고의 필요성은 인공지능 시대에 더욱 절실해지고 있다. 인공지능 기술은 그 자체로 하나의 기술 분야를 넘어 인간의 언어, 감정, 판단, 윤리, 그리고 사회 구조 전반에 영향을 미치는 범사회적 패러다임이다. 예컨대 챗GPT, Gemini와 같은 생성형 AI는 단순한 정보 제공을 넘어 교육, 창작, 커뮤니케이션 방식 자체를 변화시키고 있으며, 이에 따라 기업은 기술 역량뿐만 아니라 교육학, 윤리학, 커뮤니케이션 이론 등 다양한 분야의 지식을 동시에 고려해야 하는 새로운 경영 과제에 직면하고 있다.

인공지능의 활용은 기술적 효율성의 문제가 아니라 인간과 기계의 역할 재조정, 신뢰의 구축, 법적 책임 소재, 그리고 사회적 수용성까지 아우르는 종합적인 문제다. 따라서 인공지능 시대의 경영자는 기계 학습 알고리즘을 이해하는 것에 그치지 않고, 그 기술이 사회에 미치는 영향을 통합적으로 성찰할 수 있는 감수성과 해석력을 갖추어야 한다. 이는 곧 기술을 단편적으로 도입하는 것이 아니라 이를 둘러싼 인간적·사회적 맥락까지 유기적으로 사고할 수 있는 다학제적 사고가 곧 경영의 핵심 능력임을 의미한다.

지식의 경계를 넘는 사고법

다학제적 사고는 현대 사회가 요구하는 새로운 개념이 아니다. 오히려 그것은 지식의 분과가 명확히 나뉘기 전, 학문적 경계를 인식조차 하지 못했던 전천후 학자들의 시대에서 그 원형을 찾을 수 있다. 고대 그리스의 아리스토텔레스가 철학, 과학, 정치, 윤리학을 아울렀고, 르네상스 시대의 레오나르도 다빈치가 예술, 과학, 공학을 넘나들며 인류 문명에 지대한 영향을 미쳤듯이, 20세기 사르트르와 조선 시대 정약용 역시 각각의 시대와 지식 체계 안에서 다학제적 사고를 실천한 대표적인 인물이다.

과거에는 지식의 총량이 오늘날처럼 방대하지 않았기에 한 개인이 여러 분야를 섭렵하는 것이 가능했다. 그러나 지금은 정보의 홍수 속에서 지식의 총량이 너무나 거대해져 한 개인이 모든 분야를 깊이 있게 섭렵하는 것은 현실상 어렵다.

그렇다면 이처럼 지식의 경계가 모호해지고 복잡성이 증대된 시대에 우리는 어떻게 다학제적 사고를 함양할 수 있을까? 전통적인 방식의 전천후 학자가 되기 어렵다면 그 본질적인 정신을 계승하는 새로운 접근법이 필요하다.

가야금 명인이자 지성인이었던 황병기 선생님은 "우물을 깊게 파려면 우선 넓게 파라"는 옛말을 인용하며 다학제적 사고의 본질을 설파했다. 이는 마치 과거 김장을 할 때 김칫독을 묻기 위해 독의 지름보다 넉넉하게 땅을 파기 시작했던 지혜와 같다. 학문 역시 마찬가지다. 특정 분야의 전문성을 깊이 있게 파고들기 위해서는 우선 그 주변의 관련 분야를 폭넓게 이해하고 탐색하는 과정이 선행되어야 한다는 의미다. 이는 지식의 표면적인 넓이만을 추구하는 것이 아니라 다양한 분야를 넘나들며 핵심 통찰을 연결하여 자신의 주 전문 분야를 더욱 깊고 견고하게 만드는 전략이다. 즉, 넓게 파는 행위 자체가 깊게 파기 위한 전제이자 촉매제가 된다.

현대 학문에서 이를 가장 잘 보여주는 사례로 인지과학 cognitive science 을 들 수 있다. 이 학문은 인간의 마음과 인공지적 시스템에서 정보처리가 어떻게 일어나는가를 연구하는 분야로,

단순히 하나의 분과 학문이 아니라 인간의 뇌, 행동, 컴퓨터라는 세 개의 거대한 영역을 통합한다. 인지과학은 마음과 뇌를 이해하기 위해 신경과학, 심리학, 언어학, 인류학, 철학, 컴퓨터과학 등 서로 다른 학문의 연구 방법론과 연구 결과를 유기적으로 연결하고 융합한다.

예를 들어, 인간의 기억 작용을 연구할 때, 신경과학은 뇌의 특정 부위 활성화와 같은 생물학적 메커니즘을, 심리학은 기억의 인출 과정과 오류를, 언어학은 기억과 언어의 상호작용을, 컴퓨터과학은 기억 모델링을, 철학은 기억의 본질에 대한 존재론적 질문을 던진다. 이처럼 각 분야의 지식과 관점을 통합할 때 비로소 인간의 '마음'이라는 복잡한 현상을 다각도로 이해하고 심층적으로 분석할 수 있게 된다.

이러한 다학제적 사고의 중요성은 교육 시스템에서도 반영되고 있다. 《뉴욕 타임스》에 따르면, 1990년대 중반 미국 일부 대학에서 도입된 PSM Professional Science Master 과정은 2018년 기준으로 미국 35개 주와 4개국의 157개 기관에서 345개 이상의 프로그램이 운영되고 있다. PSM은 단순히 이론적 지식 습득에 머무르지 않고, 과학, 수학 등 자연과학 분야의 전문 지식과 커뮤니케이션, 정책, 경영, 법 등 실용 학문을 함께 가르치는 석사과정이다.

이러한 프로그램은 이공계 출신들이 부족하기 쉬운 인문 및 사회과학적 소양을 함양하고, 반대로 인문 및 사회계 출신들에

게는 과학적 지식을 보강하여 기업이 필요로 하는 '통섭형 인재'
를 양성하는 데 초점을 맞춘다. 다시 말해 특정 분야의 깊이 있
는 전문성을 유지하면서도 다른 분야의 언어와 논리를 이해하
고 융합할 수 있는 능력을 제도적으로 지원하는 것이다. PSM 과
정의 확산은 단일 지식만으로는 복잡한 현대 사회와 기업의 문
제를 해결하기 어렵다는 인식이 확고해지고 있음을 보여주는
방증이다.

그렇다면 넓게 파기 시작했는데 지식의 총량이 커서 한 개인
이 더 이상 감당할 수 없는 지점에 이르면 어떻게 해야 할까? 이
때의 해답은 간단하면서도 근본적이다. 여럿이 함께 넓게 파기
시작하면 훨씬 더 깊게 팔 수 있다. 다학제적 접근이 개인의 지
적 호기심이나 노력만으로 해결되지 않는 이유는 현대의 지식
이 지나치게 복잡하고 고도화되어 있기 때문이다. 따라서 깊이
있는 탐구를 위해서는 협업이라는 지적 연대의 방식이 필수적
이다.

이를 가장 탁월하게 실천하고 있는 사례 중 하나가 미국의 세
계적인 디자인 컨설팅 회사인 IDEO다. IDEO는 제품, 서비스,
시스템 디자인에 있어 창의성과 실용성을 동시에 요구하는 복
잡한 문제를 다룬다. 그들은 특정 분야의 지식이나 기술에만 능
한 전문가가 아니라 전문성과 다양성의 균형을 이룬 인재를 채
용의 핵심 기준으로 삼는다. IDEO의 인재들은 자신의 전문 분
야에서는 깊은 기반을 갖추고 있지만, 동시에 다른 분야에도 열

린 시각과 관심을 지닌 이들이다.

예를 들어, IDEO에는 예술가이면서 MBA를 이수한 사람, 해군사관학교를 졸업한 뒤 역사학을 전공한 사람, 건축학 석사과정을 마친 뒤 가구 디자인에 몰두한 디자이너 등 복수 학문을 공부한 이들이 모여 시너지를 창출한다. 이처럼 복수의 정체성과 학문적 여정을 지닌 이들이 모여 한 문제를 다양한 관점에서 조망함으로써, IDEO는 창의적인 해결책을 만들어내는 데 탁월한 역량을 발휘한다. 다시 말해, 넓고 얕은 지식을 가진 다수가 아니라 깊고 넓은 시야를 함께 공유하는 전문가 집단이 새로운 가치를 창출하는 것이다.

이러한 접근법은 금융, 정책, 기술 등 다양한 분야에서도 확산되고 있다. 예컨대 금융기관에서는 전통적으로 경제학이나 경영학 출신이 주류를 이루었으나, 최근에는 법학, 행정학, 자연과학, 공학 전공자들을 적극 채용하고 있다. 이는 금융이라는 영역이 단순한 숫자 계산이나 시장 분석을 넘어 법 제도, 기술 인프라, 데이터 해석, 정책적 판단 등 다층적인 요소와 결합되어야 비로소 통찰력 있는 결정을 내릴 수 있다는 점에서 비롯된다. 특히 공학적 사고방식, 시스템적 문제 접근, 실험적 태도는 복잡한 금융 상품이나 리스크 분석에서 큰 강점으로 작용한다.

결국, 현대 사회가 요구하는 다학제적 사고는 만능형 개인을 요구하는 것이 아니라 서로 다른 전문성과 시각을 가진 사람들이 상호 신뢰와 소통을 바탕으로 협력하는 구조적 장치를 의미한다. 혼자서 모든 것을 아는 사람보다 서로 다른 지식을 유기적으로 연결해 사고할 수 있는 팀이야말로 깊이 있는 성과를 만들어낸다. 여럿이 함께 넓게 파고 그 다양성 위에 공동의 문제를 구성하고 해석할 수 있을 때, 지식은 한계를 넘어 새로운 가능성으로 확장된다. 이는 단순한 협업을 넘어서 서로 다른 언어와 논리를 지닌 지식 간, 사람 간의 접속 능력을 요구한다. 바로 이 연결성이야말로 21세기형 지성의 핵심이며 다학제적 사고가 지향해야 할 궁극의 지점이다.

자기기만의 시대,
진짜는 누구인가?

오늘날 '진정성'이라는 단어는 자기계발서나 SNS에서 익숙한 유행어처럼 소비된다. "가식 없이 살아라.", "진짜 나를 찾아라."는 말들은 진정성을 마치 감성적 자기표현이나 취향의 일관성 정도로 축소한다. 그러나 사르트르에게 진정성은 결코 가볍게 다룰 수 없는 깊은 실존적 의미를 지닌다. 사르트르는 진정성을 단순한 감정이나 성격적 특성으로 보지 않고 인간이 자신의 존재를 끊임없이 창조하고 그에 대한 책임을 지는 태도로 정의한다. 이는 과거의 자신이나 환경에 얽매이지 않고, 현재의 선택을 통해 미래의 자아를 적극적으로 구성하는 창조적 결단이자 실존의 본질이다.

사르트르는 인간을 "자유에 저주받은 존재"라고 정의했다. 우리는 누구도 국적, 계급, 신체적 조건, 살아가는 시대 등 자신의 출생 조건을 선택할 수 없다. 그러나 이 불가피한 조건 속에서도 우리는 어떤 삶을 살아갈지 매 순간 선택해야만 한다. 심지어 아무것도 선택하지 않겠다는 태도조차 하나의 선택이 되어버리는 상황 속에서 진정성은 바로 이 불가피한 자유를 직면하고 수용하려는 윤리적 태도다.

이러한 자유는 단순한 해방감을 제공하지 않는다. 오히려 무거운 책임감과 깊은 불안을 동반한다. 왜냐하면 사르트르에게 선택이란 단지 개인적인 결정이 아니라 모든 인간 존재에 대해 "이렇게 살아야 한다"고 선언하는 행위이기 때문이다. 내 삶은 곧 인간됨의 보편적 의미를 규정하는 선언이 된다. 따라서 진정성은 자신만의 기준으로 사는 것이 아니라 인간 일반의 윤리를 창조하는 무대 위에 서는 것이다.

그러나 인간은 종종 이 무게를 견디지 못하고 불성실함 inauthenticité으로 도피한다. 예컨대 "나는 어쩔 수 없어." 혹은 "이게 내 운명이야."라는 말 속에는 자신의 자유와 선택 가능성을 외면하고 외부 요인에 책임을 떠넘기려는 기만이 숨어 있다. 사르트르에게 있어 진정성은 이 같은 자기기만의 유혹을 인식하고, 그것을 거부함으로써만 시작된다.

《존재와 무》에서 그는 타인의 시선이 인간 정체성 형성에 끼치는 영향력을 분석하며, 진정성이 현대 사회에서 얼마나 어려운 과제인지를 드러낸다. 타인의 시선 속에서 우리는 '있는 그대로의 나'가 아니라 '보이기 위한 나'로 존재하게 된다. 그는 "타인은 지옥이다."라는 말로, 타인의 시선에 포획된 자아가 진정한 자유를 얼마나 쉽게 상실하는지를 날카롭게 지적했다.

현대 사회는 이러한 외부 시선을 더욱 정교하게 구조화한다. SNS와 이미지 마케팅, 자기계발 담론은 보이는 자아를 끊임없이 설계하고 소비하게 만든다. 이 상황에서 진정성은 자신이 내리는 선택이 외부의 기대나 기준에 의해 정당화되거나 치장되지 않고, 오로지 자기 자신의 기준과 책임 아래 이루어지는지를 묻는 실존적 질문이다.

사르트르는 이러한 철학을 이론에 머무르지 않고 일관된 실천으로 살아낸 인물이기도 하다. 그는 1973년, 바스크 분리주의자들과 프랑스 정부 사이의 갈등이 고조되던 시기에 정치적 폭력 사건에 연루된 활동가들을 위해 법적 구조와 언론의 편파성을 비판하는 공개 성명을 발표했고, 소수자의 목소리를 국가 권력이 억압하는 현실에 맞서 연대했다. 또한 1971년, 프랑스 내 여성들의 낙태 권리를 지지하며 '343인의 선언문'에 서명한 몇 안 되는 남성 지식인 중 하나로 여성의 자기결정권이 존재론적 자유의 핵심임을 일관되게 주장했다. 철학은 그에게 삶을 바꾸는 도구였지 강단의 담론이 아니었다.

이처럼 진정성은 이론이 아니라 실천 속에서 증명된다. 그것은 단지 자기다움을 추구하는 것이 아니라 불편한 진실을 감수하고 부조리에 맞서며 자신이 만든 선택의 결과를 온전히 감당하려는 윤리적 실존이다. 실패의 가능성, 오판의 두려움, 외부 비난의 압박 속에서도 진정성은 자신이 한 선택을 타인이나 사회의 탓으로 돌리지 않고 감당하는 용기다. 그것은 행동을 선택할 때마다 "나는 누구인가?"라는 존재론적 질문에 응답하려는 자세다.

진정성은 본질적으로 불편한 개념이다. 우리는 종종 누군가가 정해준 길을 따라가는 편안한 타율성에 기대고 싶어 한다. 하지만 진정성은 그런 안락함을 기꺼이 거부하고 스스로의 삶을 스스로 정의하려는 자만이 감당할 수 있는 특권이며 책무다. 진정한 자아란 이미 주어진 본질이 아니라 선택과 실천 속에서 끊임없이 창조되는 것이다.

궁극적으로 진정성은 '나답게 사는 것'이 아니라, '내가 되어가고자 하는 나를 스스로 선택하고 책임지는 것'이다. 그리고 이 반복되는 선택의 고통 속에서 인간은 단순히 존재하는 것을 넘어 마침내 윤리적이고 자유로운 존재로 거듭난다. 진정성은 단순한 삶의 방식이 아니라 매 순간 실존의 불안을 감수하고 살아내는 철학이다.

리더에게 진정성이 필요한 이유

오늘날의 조직과 사회는 기술 혁신의 급진적 속도, 가치관의 변화, 세대 간 인식의 간극, 그리고 글로벌 차원의 위기가 중첩되면서 그 어느 때보다 높은 수준의 복잡성과 불확실성에 직면해 있다. 이러한 변화 속에서 리더는 단순히 유능한 경영자가 아니라 신뢰받을 수 있는 존재로 거듭나야 할 필요성이 커지고 있다. 바로 이 지점에서 진정성은 오늘날 CEO와 리더에게 가장 본질적이고도 리더십의 생존 조건으로 떠오른다.

오늘날 리더에게 진정성이 필요한 첫 번째 이유는 신뢰의 기반이 흔들리고 있기 때문이다.

과거에는 직책이나 경력, 권위가 신뢰를 담보했지만, 이제는 리더 내면의 일관성과 선택에 대한 책임감이 신뢰의 기준이 되고 있다. 구성원들은 리더가 타인의 시선에 따라 움직이는지, 외부 환경 탓만 하는지, 아니면 스스로의 신념과 기준을 바탕으로 결단을 내리는지를 민감하게 관찰한다. 진정성 있는 리더는 말과 행동의 간극이 작고 위기 앞에서도 타인의 시선을 핑계 삼지 않으며, 자신의 선택에 대해 설명할 수 있는 사람이다. 이러한 태도가 조직 전체에 신뢰의 토대를 마련한다.

두 번째로, 진정성은 복잡한 결정 상황에서 윤리적 기준을 제공한다.

사르트르는 "나의 선택은 모든 인류가 따라야 할 삶의 기준이 되기를 원하며 이루어진다"고 말했다. 이는 리더의 결단이 단지 조직의 실적만이 아니라 인간적 가치와 공동체의 기준을 만들어내는 윤리적 행위임을 뜻한다. 진정성이란 단지 '솔직함'이나

‘자기다움’이 아니라, ‘어떤 삶과 가치를 조직 전체에 제시할 것인가’에 대한 존재론적 질문과 그에 대한 응답이다. ESG, DE&I, 심리적 안전감과 같은 현대 경영의 가치들이 실현되기 위해서는 무엇보다 먼저 리더의 진정성 있는 태도가 전제되어야 한다.

셋째, 진정성은 조직 내 불안을 통합하는 힘이다.

사르트르에 따르면, 자유는 근본적으로 불안을 수반한다. 현대의 구성원들은 자신의 삶과 일에 대해 끊임없이 선택해야 하며, 그 선택의 의미를 해석할 리더의 언어와 태도를 필요로 한다. 진정성 있는 리더는 “나는 누구인가?”라는 존재론적 질문을 회피하지 않고 직면함으로써 구성원들도 자신을 정직하게 마주할 수 있도록 돕는다. 이는 리더의 완벽함에서 나오는 것이 아니라 불완전함을 감추지 않되 책임을 회피하지 않는 태도에서 비롯된다. 구성원들은 그런 리더를 통해 자기 내면의 불안도 감당해 나갈 수 있는 용기를 얻게 된다.

마지막으로, 진정성은 리더 자신이 소진되지 않도록 지켜주는 철학이다.

많은 리더가 역할에 매몰되어 자기 자신을 잃고 번아웃된다. 외부의 기대에 맞추느라 방향성과 정체성을 잃는다. 그러나 사르트르가 말하듯, 진정성이란 ‘나 자신이 되는 것’이 아니라 ‘내가 되어가고자 하는 나를 스스로 선택하고 책임지는 것’이다. 이것이야말로 리더가 외부 평가에 휘둘리지 않고 스스로의 나침반을 따라 걸어갈 수 있게 해주는 내적 자율성의 원천이다. 결국 진정성은 리더가 자기 삶과 조직을 동일선상에 두고 조율하며, 일관된 방향성을 유지하게 하는 근본적 동력이 된다.

진정성은 성과로 증명된다

한 개인의 성공이 지혜와 능력에 달려 있는 것은 사실이다. 하지만 그것만으로는 충분하지 않다. 내면의 진정성이 외면의 행동으로 구현될 때 비로소 사람들은 마음을 열고 함께 움직이기 시작한다. 진정성은 신뢰를 낳고, 신뢰는 기회를 만든다. 그리하여 진정성은 눈에 보이지 않지만 가장 강력한 성공의 조건이 된다.

이 단순하지만 강력한 진리를 극적으로 보여주는 사례가 있다. 아시아의 대표적 기업가이자 청콩그룹의 창업자인 리자청은 홍콩의 한 공장에서 작은 플라스틱 꽃을 생산하며 사업을 시작했다. 그는 단순한 제품 하나에도 진심을 담았고 성실함과 책임감을 어떤 상황에서도 흐트러뜨리지 않았다.

창업 초기, 그는 큰 규모의 주문을 앞두고 있었지만 신용 보증인을 구하지 못해 계약이 무산될 위기에 처했다. 대부분의 사람이라면 포기하거나 핑계를 댔겠지만 그는 다른 선택을 했다. 밤을 새워 직접 제품 샘플을 만든 뒤, 다음 날 아침 일찍 고객사를 찾아갔다. 그리고 정중한 태도로 이렇게 말했다.

"정말 죄송합니다. 제가 부족해서 아직 보증인을 구하지 못했습니다. 하지만 이 샘플이 제 진심입니다."

이 말을 들은 주문업체 대표는 잠시 침묵하다가 이렇게 답했다.

"리 선생, 지금 걱정하는 것이 보증인 때문이라면 그럴 필요 없습니다. 당신의 진정성과 신용이 내가 가장 필요로 하는 담보입니다. 내가 당신의 보증인입니다."

그의 태도는 보증서보다 더 큰 신뢰를 만들어냈고, 결국 거래는 성사되었다. 그리고 이 계기를 통해 연 매출은 35만 홍콩달러에서 1,000만 홍콩달러로 껑충 뛰며 그의 기업은 본격적인 성장 궤도에 올라섰다.

이 사례는 리더십에 있어 진정성이 단순한 도덕적 미덕을 넘어 실질적인 성과와 기회의 창출로 직결된다는 사실을 명확히 보여준다. 많은 리더들이 진정성을 말로 표현하려 하지만, 진정성은 언어로 설득하거나 포장해서 전달되는 것이 아니다. 진정성은 반복되는 행동, 사소한 일상, 위기 속에서도 흐트러지지 않는 태도를 통해 비로소 드러난다. 그리고 사람들은 그것을 생각보다 훨씬 더 정교하게 감지한다.

이러한 심리적 메커니즘을 과학적으로 뒷받침해주는 것이 인지심리학자 노먼 앤더슨의 연구이다. 그는 대학생들을 대상으로 실험을 진행하면서 인간이 타인의 성격을 판단할 때 어떤 요소를 가장 중요하게 여기는지를 분석했다. 실험 참가자들에게 무작위로 배열된 성격 형용사 555개를 보여준 뒤, 가장 좋아하는 단어 8개, 가장 싫어하는 단어 8개를 선택하게 했다.

그 결과, 참가자들이 가장 선호한 단어 중 상위권을 차지한 6개가 모두 진정성과 직접적으로 관련된 단어였다. 예컨대 '진심 어린', '성실한', '믿음직한', '최선을 다하는', '진실한', '기댈 수 있는' 등이 그것이다. 이는 인간이 사회적 관계를 맺을 때 지능이나 유머 감각, 카리스마보다 먼저 상대가 얼마나 진정성 있는 사람인지를 판단의 기준으로 삼는다는 것을 뜻한다. 반면, 가장 기피된 단어는 '거짓말하는', '꾸며낸' 등 진정성이 결여된 사람을 지칭하는 단어였다. 사람들은 진정성이 없다고 느껴지는 사람에 대해 본능적으로 경계하고 심리적 거리를 둔다.

이러한 결과는 리더십의 본질을 다시 생각하게 만든다. 오늘날의 리더는 더 이상 지시와 권위만으로 사람을 움직일 수 없다. 사람들은 리더가 무슨 말을 하느냐보다 그 말이 얼마나 삶의 방식으로 실현되고 있는지, 그 태도가 위기 상황에서도 변하지 않는지를 보고 신뢰 여부를 결정한다. 말과 행동이 일치하는 사람, 상황이 어려워질수록 더욱 성실하게 책임지는 사람, 작은 일에도 정성을 다하는 사람에게 사람들은 마음을 연다.

따라서 리더십에서 진정성이란 단순히 "좋은 사람이 되자"는 윤리적 구호가 아니다. 그것은 신뢰를 생성하고, 신뢰는 협력을 낳으며, 협력은 성과로 이어지는 하나의 구체적 메커니즘이다. 진정성은 눈에 보이지 않지만 그것이 만들어내는 결과는 누구

나 볼 수 있다. 말보다 태도가, 전략보다 일관성이, 형식보다 진
정성이 사람을 움직인다.

Sartre
Business

3
장

나의 가치는
타자의 시선에서
결정된다

"사람의 가치는 타인과의 관계로서만
측정될 수 있다."
_프리드리히 니체

"사람의 가치는 타인과의 관계로서만
측정될 수 있다."
_프리드리히 니체

타인은
지옥이다

"그래 이제 때가 됐군. 청동상이 여기 있고, 내가 그걸 바라보고 있고 난 내가 지옥에 와 있다는 것을 알겠어. 중략 나를 잡아먹는 이 모든 시선들을… 중략 그러니까 이런 게 지옥인 거군. 정말 이럴 줄을 몰랐는데… 중략 지옥은 바로 타인들이야"[4]

"타인은 지옥이다."

이 섬뜩하면서도 강력한 문장은 사르트르의 희곡《닫힌 방 Huis Clos》에 나오는 가르생의 대사로 철학사에서 가장 많이 인용된 문장 중 하나다. 흔히 인간관계에서의 피로감이나 갈등을 표현하는 푸념처럼 들릴 수 있지만, 사르트르에게 있어 이 말은 훨씬 더 깊고 근본적인 의미를 담고 있다.

사르트르에게 타인이란 단순히 다른 사람이 아니다. 타인은 나를 바라보는 시선이고, 그 시선은 나를 규정하며, 내가 선택하고자 하는 자유를 제한하고, 심지어 나의 존재 자체를 구성해 버린다. 내가 나 자신을 이해하는 방식조차 결국 타인의 시선이라는 거울을 통해 왜곡되고 조작된다. 타인은 나의 지옥이다. 그것은 곧 타인이 없으면 나는 자유롭지만 동시에 나조차 알 수 없는 무정형의 존재로 남는다는 뜻이기도 하다.

"타인은 지옥이다."라는 문장을 진정으로 이해하려면 사르트르의 존재론에 대한 이해가 전제되어야 한다. 그는 인간 존재를 자기 자신이 아니라 타인의 시선을 통해 구성되는 불안정한 주체로 본다. 이는 "나는 내가 아니다."라는 역설을 통해 가장 분명히 드러난다.

사르트르는 그의 기념비적인 저서 《존재와 무》에서 존재를 크게 두 가지로 구분했다. 즉자적 존재 l'être-en-soi, being-in-itself 는 돌이나 나무처럼 그 자체로 충만하고 변화하지 않는 존재다. 반면, 대자적 존재 l'être-pour-soi, being-for-itself 는 인간처럼 끊임없이 자기 자신을 의식하고 스스로를 규정하고자 하는 존재다. 다시 말해 인간은 자신이 무엇인지 이미 정해져 있는 존재가 아니라 매 순간 스스로를 만들어가는 존재다.

그러나 문제는 여기서 끝나지 않는다. 우리는 끊임없이 '무엇이 되어야 하는지?'를 스스로 결정하려 하지만 이 결정은 타인의 시선과 마주치는 순간부터 흔들리기 시작한다. 내가 나 자신을 어떤 존재로 규정하려고 할 때마다 타인의 눈은 그것을 다르게 본다. 이때 생기는 긴장, 그것이 바로 지옥의 시작이다.

《닫힌 방》에서 가르생은 한 방 안에서 죽은 뒤, 두 명의 타인과 함께 영원히 갇히게 된다. 그들은 서로를 쳐다보고, 판단하고, 해석하며 각자의 과거와 본질을 파헤친다. 그 방에는 거울이 없다. 그래서 자신을 확인하는 유일한 방법은 타인의 시선을 통해서다. 이때 사르트르가 말한 시선의 본질이 드러난다.

타인은 나를 바라보는 시선을 통해 나를 하나의 '객체', 곧 대상object 으로 만든다. 나는 주체로서 나 자신을 느끼지만 타인의 눈에 비친 나는 정해진 어떤 것이다. 그리고 그 순간, 나는 더 이상 자유로운 존재가 아니다. 나는 판단받고 해석되며, 그 의미가 외부로부터 부여된 존재가 된다. 사르트르는 이것을 수치심이라는 감정으로 설명한다.

예를 들어, 내가 문틈으로 누군가를 훔쳐보고 있을 때, 나는 그 행위를 자유롭게 선택하고 있다고 느낀다. 그러나 누군가가 그 모습을 목격한 순간, 나는 '도둑질하는 존재', '부끄러운 존재'로 타인의 시선에 의해 규정된다. 이때 느끼는 수치심은 단순한 감정이 아니라 내가 타인의 시선 안에서 대상화되었다는 본질적 체험이다. 나의 주체성이 타인의 시선에 의해 강탈당하는 순간인 것이다.

사르트르의 가장 급진적인 주장 중 하나는 타인이 존재하는 것만으로도 나의 자유가 침해된다는 점이다. 왜냐하면 타인은 언제나 나를 '어떤 사람'으로 만들기 때문이다. 나는 나 자신을 무한히 변화시킬 수 있는 존재이지만 타인의 시선은 나를 특정한 이미지로 고정시킨다. 예컨대, 누군가가 나를 '비겁한 사람'으로 본다면 나는 그 이미지에서 벗어나기 위해 필사적으로 행동하게 되며, 그 안에서 나의 자유는 구조적으로 제한된다.

이것은 인간관계의 피곤함이나 불쾌감을 넘어서 존재의 차원에서 타인이 나의 지옥이 되는 이유다. 우리는 단지 피드백을 받거나 비판을 듣는 데서 상처받는 것이 아니라 내가 아닌 나로 살아가야 하는 구조 속에서 고통을 받는다.

그러나 사르트르가 "타인은 지옥이다."라고 말할 때, 그것은 단순히 '타인 없이 혼자 살고 싶다'는 고립주의적 선언이 아니다. 오히려 그 반대다. 우리는 타인의 시선을 통해 존재하게 되는 타자 의존적 존재다. 타인을 완전히 배제할 수 없기에 우리는 그 지옥 속에서 살아야 한다. 그렇기에 사르트르의 이 명제는 우리에게 궁극적인 질문을 던진다. 우리는 타인의 시선이라는 피할 수 없는 지옥 속에서 어떻게 나 자신으로 존재할 수 있을까? 타인의 규정으로부터 자유로운, 진정한 나의 존재를 확립하는 방법은 무엇일까?

타인의 규정으로부터
자유로운 존재, 어떻게 가능할까?

그렇다면 타인의 규정으로부터 자유로운 존재, 진정한 나의 존재를 확립하는 방법은 무엇일까? 사르트르는 명확한 해결책을 제시하지는 않지만 그의 철학 속에서 우리가 추구할 수 있는 방향성을 찾아볼 수 있다. 이는 일종의 지옥 속에서 살아가는 지혜와 가깝다.

가장 먼저 필요한 것은 타인의 시선이 나의 존재를 어떻게 객체화하고 제약하는지에 대한 철저한 자각이다. 우리는 끊임없이 타인의 시선 속에서 '나'라는 상을 형성하려 하지만 그 상은 결코 온전한 '나'가 아니다. 사르트르가 말한 "나는 내가 아니다."라는 역설은 나의 본질이 외부 타인 에 의해 규정될 수 밖에 없다는 깨달음에서 시작된다.

우리는 타인의 시선에 의해 대상화될 수밖에 없는 존재라는 사실을 인정하고 받아들이는 것, 이것이 첫걸음이다. 타인의 시선 앞에서 수치심을 느끼는 것은 내가 자유로운 주체로서 나의 존재를 스스로 규정하려 할 때, 타인의 시선이 나를 대상으로 고정시키기 때문에 발생하는 본질적인 경험임을 이해해야 한다.

둘째, 자기기만의 극복이다. 사르트르는 인간에게는 본질이 없으며 선택을 통해 자신의 존재를 창조해 나가는 자유로운 존재라고 봤다. 하지만 이 자유는 가볍지 않다. 자유는 항상 책임을 수반하기에 인간은 종종 이 책임으로부터 도망치고 싶어 한다. 이를 사르트르는 '자기기만bad faith'이라 불렀다. 타인의 시선에 갇혀 타인이 원하는 모습으로 살아가는 것은 자기기만의 한 형태다. 편안함과 안정감을 위해 스스로의 자유를 포기하고 타인의 규정에 순응하는 것이다.

예를 들어 "나는 직장인이니까 어쩔 수 없어."라고 말하며, 그 안에 나의 선택이 개입된 가능성을 지우는 것이다. 혹은 SNS 속 이상적인 이미지를 연출하며 타인의 인정을 통해 나의 가치를 증명받고자 하는 모습도 하나의 자기기만이다. 그러나 사르트르에게 진정한 자유는 이러한 자기기만을 극복하고 자신의 모든 선택에 대한 책임을 온전히 떠안을 때 비로소 가능해진다. 이는 곧 실존적 불안과의 정면 대면을 의미한다. 우리는 자유롭도록 선고받았으며, 어떤 본질도 없이 세상에 던져진 존재로서 매 순간 스스로의 의미를 창조해야 하는 부담을 안고 있다. 이 불안을 회피하지 않고 직면하며 나의 선택과 행동이 오롯이 나의 책임임을 인정할 때, 우리는 비로소 타인의 지옥 속에서도 주체성을 되찾을 수 있다.

셋째, 앙가주망, 다시 말해 주체적 선택과 사회적 참여다. 사르트르는 철학이 단지 사유에 머물러서는 안 된다고 보았다. 그는 "생각하는 인간은 행동하는 인간이어야 한다"고 믿었고, 이를 앙가주망engagement, 다시 말해 주체적 참여라 불렀다. 이것은 단지 사회 운동에 참여한다는 의미가 아니다. 세상과 타인 속에서 나의 선택을 실천으로 드러내고 그 책임을 지는 존재가 되는 것을 뜻한다. 이는 타인의 시선으로부터 완전히 벗어나는 것을 불가능하다고 본 사르트르에게 오히려 그 지옥 속에서 나의 존재를 확립하는 적극적인 방식이었다.

앙가주망은 나의 자유로운 선택이 나에게만 국한되지 않고 타인에게도 영향을 미치며, 나아가 사회 전체에 대한 책임으로 이어진다는 것을 의미한다. 예를 들어, 사회의 불의에 저항하거나 특정 가치를 위해 투쟁하는 행위는 타인의 시선을 의식한 수동적인 반응이 아니라 나의 주체적인 선택과 책임의 발현이다. 이러한 행동 속에서 우리는 타인의 시선에 의해 규정된 객체가 아니라 스스로의 존재를 능동적으로 만들어가는 주체로서 자리매김할 수 있다.

조직이라는
지옥

"타인은 지옥이다."라는 사르트르의 통찰은 개인 간의 관계를 넘어 조직이라는 집단 속에서 더욱 선명하게 드러난다. 조직은 타인의 시선이 구조화되고 제도화된 공간이며, 우리는 매일 그 시선 속에서 일하고 평가받는다. 직무성과, 팀워크, 연봉, 승진, 평가, 피드백 시스템 등은 모두 타인의 시선과 해석이 제도화된 형식이다. 이러한 구조는 종종 개인의 자유로운 자아실현보다는 객체화된 직무상 자아를 강요한다.

현대 조직에서 가장 흔한 자기기만 중 하나는 "나의 직무와 역할은 이것이다."라는 믿음이다. 직무와 직책이 개인의 정체성과 뒤섞이기 시작하면서 사람들은 자신을 '기획자', 'PM', '개발자', '마케터', '팀장'으로 정의하기 시작한다. 이는 마치 사르트르가 말한 자기기만처럼 사회가 부여한 역할에 스스로를 고정시키는 행위다. 사르트르는 이를 거부한다. 그는 인간이란 끊임없이 변화하며 스스로를 구성해야 하는 존재라고 말했다. 그러므로 직무는 '내가 하는 일'일 수는 있어도 '내가 누구인가'를 대변할 수는 없다. 하지만 조직은 자주 그 경계를 지운다.

이로 인해 발생하는 문제는 단순히 정체성 혼란을 넘어서 조직의 창의성과 자율성을 해친다. "나는 이 역할에 맞는 사람이니까.", "나는 저 사람이 맡은 업무를 넘어서면 안 되니까."라는 식의 사고는 구성원들의 자기검열을 유도하고, 결과적으로 조직 전체가 타인의 시선과 기대 속에 고정된 객체들로 구성된 지옥이 된다.

시선이 객체를 만든다

사르트르의 시선 개념은 현대 조직문화의 핵심 구조인 성과평가 시스템과 직접적으로 맞닿는다. 우리는 끊임없이 동료, 상사, 고객, 그리고 시스템으로부터 평가받는다. 'KPI', 'OKR', '360도 피드백' 같은 제도는 협업을 위한 도구이기도 하지만, 동시에 타인의 시선을 조직화한 장치이기도 하다. 문제는 이 제도가 개인을 객관적으로 평가하는 것이 아니라 쉽게 규정짓고 고정시키는 방식으로 작동한다는 점이다. 특정 시기, 특정 프로젝트에서의 행동이 전체 존재를 대표하게 되고, 한 번 비효율적인 사람으로 낙인찍히면 이후의 모든 행동은 그 프레임 안에서 해석된다. 그 사람은 더 이상 스스로를 정의하지 못하고 조직이 만든 이미지에 갇힌다. "시선이 객체를 만든다"는 사르트르의 통찰은 바로 이 지점에서 현실화된다.

리더도 예외는 아니다. 리더는 단지 지시하고 전략을 수립하는 자리가 아니다. 리더란 본질적으로 조직의 시선을 구조화하고 대변하는 역할이다. 따라서 리더는 타인의 시선을 조율하고 반영하는 존재이면서 모두의 시선을 한 몸에 받는 객체이기도 하다. 이러한 이중성은 리더를 실존적 긴장 상태로 몰아넣는다. 리더는 자기 자신을 정의하려는 자유를 갖지만 동시에 '리더다움'을 기대하는 타인의 시선 속에서 자기기만에 빠지기 쉽다. 직원이 기대하는 리더, 상사가 요구하는 리더, 회사가 기대하는 KPI 중심 리더… 그 모든 이미지 사이에서 '내가 어떤 리더가 되고 싶은가?'라는 물음은 흐릿해진다.

영화 〈킹스 스피치〉의 주인공, 영국의 조지 6세는 이런 현상을 고스란히 보여주는 인물이다. 형인 에드워드 8세가 사랑을 위해 왕위를 버렸던 것과 달리, 조지 6세는 원치 않았음에도 왕이라는 역할을 감당해야 했다. 그는 심한 말더듬으로 고통받았지만 그것은 단순한 신체적 문제를 넘어 역할을 강요하는 시선에 대한 무의식적 저항이었다. 조지 6세는 이렇게 말한다. "옛날의 왕들은 제복 입고 말에 앉아서 위엄만 보이면 됐지. 이제는 각 가정에 대고 비위를 맞추고 홍보도 해야 해. 왕족의 위치는 낮고 비천하게 축소됐어. 우리는 이제 배우야.”

이 대사는 왕이라는 자리가 단순한 권위의 상징이 아니라 끊임없이 대중과 타인의 기대를 연기하고 반영해야 하는 배역임을 드러낸다.

조직이 지옥이 되지 않기 위해서는 구성원 각자가 자기 존재를 타인의 시선에만 의존하지 않는 방식으로 재정의할 수 있어야 한다. 이것이 사르트르가 말한 앙가주망이 조직에서 가지는 의미다. 예컨대 “나는 이 팀이 이런 방식으로 일하길 원한다.”, “이 방향은 고객의 가치를 위한 것이다.”, “나는 이 프로젝트를 이렇게 바꾸고 싶다.”는 식의 자발적 개입과 참여는 단지 업무 수행이 아니라 자기 존재를 선택하고 실천하는 방식이다. 이런 실천이 축적되면 조직은 단순한 업무 수행의 공간을 넘어 자기 존재를 투영하고 확장할 수 있는 공동체로 변모할 수 있다. 피드백은 단지 절차적 행위가 아니라 가능성을 여는 대화가 되고, 리더십은 시선을 관리하는 전략이 아니라 시선을 통해 서로를 성장시키는 구조가 된다.

거듭 강조하지만 사르트르가 말한 지옥은 단순히 타인의 시선이 불편하다는 차원이 아니다. 그것은 타인의 시선이 제도화되고 일상화된 시스템 속에서 우리가 자기 자신을 잃고 살아가는 구조적 문제를 지적한 것이다. 이 철학을 조직에 적용하면 현대의 많은 회사와 기업문화가 왜 지옥처럼 느껴지는지를 설명할 수 있다. 그러나 동시에 이 철학은 지옥을 견디는 법도 제시한다.

객체화된 이미지에 스스로를 맡기지 않고, 자신의 선택을 자각하고, 타인의 시선 속에서도 책임 있는 자유를 실천하는 것. 조직이 이런 주체성을 실현할 수 있는 구조와 문화를 마련한다면 지옥 같은 시선 속에서도 우리는 진정한 '나'로 존재할 수 있다. 조직은 타인의 시선이 모여 만들어진 공간이지만, 동시에 각자의 주체성이 투영되어 만들어지는 가능성의 장이기도 하다.

실존은
불안을 낳고, 불안은
삶을 깨운다

"나는 신이 없으며, 내 운명은 내가 만든다는 것을 깨달을 때, 나는 불안 속으로 떨어진다." 이 문장은 사르트르 실존주의의 핵심을 정수처럼 담고 있다. 사르트르에게 인간은 어떤 초월적 존재나 절대자의 설계에 따라 목적지향적으로 창조된 존재가 아니다. 그는 하이데거의 영향을 받았지만 보다 급진적인 방식으로 "실존은 본질에 앞선다"는 선언을 통해 인간 존재의 특수성을 강조했다. 인간은 '되는 존재 becoming'이지, '정해진 존재 being'가 아니다.

이처럼 인간이 자유롭다는 선언과 동시에 그 자유가 감당해야 할 무게를 떠올리게 한다. 우리 삶의 의미와 방향, 도덕적 기준과 선택은 외부의 권위나 절대적 명령에서 주어지는 것이 아니라 오직 자기 자신에게서 길어 올려야 한다. 이러한 자기 결정의 조건 아래에서 인간이 느끼는 근본적인 감정이 바로 '불안'이다.

불안은 단지 막연한 걱정이나 일시적 긴장이 아니다. 실존적 불안은 아직 실현되지 않은 미래에 대한 인식에서 비롯되며, 이는 인간이 시간 속을 살아가는 존재이기 때문에 필연적이다. 우리는 알고 싶고, 탐구하고 싶고, 실현하고 싶은 호기심으로 인해 항상 미래를 향해 나아가지만, 그 미래가 우리에게 무엇을 줄지, 무엇을 앗아갈지 알 수 없기에 불안은 삶의 기본 조건이 된다. 불안은 과거의 상처가 아니라 미래의 가능성이 우리를 긴장시키는 현상인 것이다.

하지만 이 불안을 고통스러운 감정으로만 인식한다면 우리는 삶의 주인이 아니라 상황에 휘둘리는 수동적인 존재가 된다. 자신을 온전히 수용하지 못하고 세상을 지나치게 낙관하거나 혹은 반대로 회피적인 냉소로만 바라보게 되면 불안은 통제할 수 없는 공포로 바뀐다. 이때 우리는 행동과 사고의 변화가 요구되어도 지금 상태에만 안주하며 세상의 기대나 타인의 시선을 지나치게 의식하게 된다. 그 결과, 삶은 주체적인 행위가 아닌 외부 반응의 연속선상에 놓이게 된다.

이와 같은 실존적 불안은 오늘날의 현실적 맥락 속에서 보다 복잡하게 증폭된다. 현대 사회에서 불안은 단순히 존재론적인 감정을 넘어서, 경제적 지위, 사회적 계급, 고용 안정성, 교육 기회, 가족 관계 등 복합적인 구조와 얽혀 있다. 특히 자본주의 사회에서 개인은 끊임없이 타인과 자신을 비교하며 살아간다. 소셜 미디어와 같은 디지털 플랫폼은 이러한 비교를 가속화시키며, 우리는 자기도 모르게 타인의 성취나 이미지에 맞춰 자신의 삶을 끊임없이 평가하고 조정한다. 이로 인해 불안은 내면의 감정이라기보다는 시장에서 파생된 감정 자본처럼 작동하기 시작한다.

더 나아가, 경제적 안정에 대한 집착은 실존의 무게를 덮어버리는 가장 강력한 외부 요소로 작용한다. "돈을 잃으면 모든 것을 잃는다"는 강박은 개인의 자유를 마비시키고, 삶의 방향을 외부 기준에 예속시킨다. 이러한 세계관이 내면화되면 불안은 인간 존재의 진정성과 자유로 향하는 이정표가 아니라 그 반대편에 서 있는 통제와 복종의 도구가 된다. 불안은 더 이상 인간의 각성과 성찰을 이끄는 실존적 감정이 아닌 자본주의 질서에 순응하도록 조정된 억압적 장치로 전락한다.

불안은 또한 세대 간에 전이된다. 부모 세대가 느끼는 경제적 불안은 자식에게 고스란히 대물림된다. "공부해라.", "시험 잘 봐라.", "좋은 직장 들어가라."는 말은 단순한 조언이 아니라 생존을 위한 전략으로 들린다. 그리고 그런 말 뒤에는 언제나 불안을 감추기 위한 부모의 경제적 고민과 현실적인 압박이 자리하고 있다. 아이는 그런 분위기 속에서 자라며 결정을 내릴 때마다 실패에 대한 공포와 평가에 대한 압박을 동시에 경험한다. 가난만 대물림되는 것이 아니라 불안도 대물림되는 것이다.

사르트르는 인간이 자유롭다는 사실 자체가 우리를 불안하게 만든다고 봤다. 그 이유는 단순하다. 자유는 곧 무한한 가능성과 무한한 책임을 수반하기 때문이다. 사르트르는 이를 다음과 같은 비유로 설명한다. "등산가가 절벽 끝에 섰을 때, 그를 두렵게 하는 것은 절벽의 깊이만이 아니다. 그보다는 자신이 그 절벽 아래로 몸을 던질 수 있다는 자유, 그것이야말로 진정한 불안의 근원이다." 다시 말해, 인간은 언제나 선택의 기로에 서 있고, 어떤 선택도 외부 규범에 의존할 수 없으며, 그 결과는 전적으로 자신의 몫이다. 이는 인간이 존재하는 한 피할 수 없는 실존의 무게다.

그러나 사르트르는 불안은 피하거나 부정해야 할 감정이 아니라고 강조한다. 오히려 그것은 깨어 있는 자의 감정이다. 불안을 느낀다는 것은 우리가 무의식적으로 살아가는 기계적 존재가 아니라 자기 존재를 성찰하고, 선택하며, 책임지려는 자유로운 존재임을 입증하는 것이다. 불안은 인간 실존의 본질이자 실존의 조건이며, 도덕적 각성의 출발점이다. 불안 속에서 우리는 자신에게 묻는다. "나는 어떻게 살 것인가?", "나는 어떤 선택을 할 것인가?", "나는 어떤 책임을 질 준비가 되어 있는가?"라는 물음은 곧 실존적 삶의 시작을 알리는 신호다.

실존주의는 불안을 병리적 현상으로 간주하지 않는다. 오히려 인간 삶의 본질로서 받아들이며, 그것을 통해 우리가 진정 무엇을 추구하는지, 어떤 삶을 원하는지를 스스로 발견할 수 있다고 본다. 불안은 삶의 다양한 가능성을 알리는 경고음이자 우리의 내면에 숨겨진 소중한 부분과 동시에 직면하고 싶지 않은 부분을 드러내는 메시지다. 만약 우리가 따라야 할 궤적이 미리 정해져 있고, 운명이 계획되어 있다면 불안할 이유도 없다. 그러나 그렇지 않기에 불안은 오히려 자유로운 인간 존재의 표식이다.

따라서 불안이 절망으로 전락해서는 안 된다. 불안은 때로 우리의 잘못이 아니다. 오히려 당당히 자신만의 삶을 주장하는 자만이 불안과 마주할 수 있다. 외부에서 강요되는 기준과 기대, 이데올로기적 억압에 맞서 우리는 우리 자신의 의미와 가치를 스스로 세워야 한다. 불안이 밀려올 때마다 우리는 그 감정의 진짜 근원을 바라봐야 한다. 그것이 실존에서 비롯된 것인지, 아니면 외부 세계의 기준과 비교에서 비롯된 것인지 구별할 수 있어야 한다. 그렇게 할 때 우리는 진정한 실존적 불안과 그렇지 않은 잡스러운 불안을 분리하고 삶의 본질과 마주하는 실존적 용기를 얻게 된다.

불안을 극복하는 법

불안은 피할 수 없는 인생의 동반자다. 누구나 새로운 상황을 맞닥뜨릴 때 불안이라는 감정을 경험한다. 따라서 불안을 완전히 없애려 하기보다 그 존재를 받아들이고 다루는 방법을 배우는 데 에너지를 집중해야 한다. 마치 파도가 밀려올 때 이를 피하지 않고 정면으로 맞이하듯, 불안 또한 회피보다는 직면을 통해 익숙해지는 과정이 필요하다. 이 익숙함이야말로 불안을 무디게 만들고, 삶을 주체적으로 살아갈 수 있게 하는 내면의 해독제가 된다.

예를 들어, 새로운 직장에 첫 출근하는 날을 상상해 보자. 미지의 환경에 대한 두려움, 잘 해낼 수 있을지에 대한 염려, 동료들과의 관계에 대한 걱정 등 다양한 불안감이 몰려올 수 있다. 이때 "나는 왜 이렇게 불안하지? 불안하면 안 되는데"라고 스스로를 다그치기보다, "새로운 시작에 대한 불안감은 당연한 거야."라고 인정하는 것이 훨씬 건강한 접근 방식이다. 이러한 인정을 통해 불안과의 불필요한 싸움에 시간을 낭비하지 않고, 새로운 환경에 적응하고 업무를 배우는 데 집중할 수 있다.

많은 조직은 불안에 대해 침묵한다. '리더는 흔들리면 안 된다.', '임원은 강해야 한다.'는 신화가 지배하기 때문이다. 하지만 이는 리더 개인을 고립시키고 조직 내 심리적 안전망을 무너뜨린다. 실존주의적 관점에서 볼 때, 불안을 드러내는 것은 약함이 아니라 성찰의 시작이다. 건강한 조직은 불안을 인정하고 그것을 대화의 언어로 변환시킨다. 리더가 팀원에게 "나도 불확실성이 두렵다"고 솔직하게 말하는 순간, 구성원들은 오히려 더 강한 신뢰를 갖는다. 왜냐하면 그 말은 책임을 회피하겠다는 뜻이 아니라 모두가 함께 방향을 모색하자는 표현이기 때문이다.

불안을 극복하는 데 매우 실용적인 접근 방식 중 하나는 바로 '노출'이다. 공포증 치료에서 흔히 사용되는 '노출 요법 exposure therapy'은 회피가 아니라 점진적인 접근을 통해 불안을 무디게 만든다. 이는 불안에 익숙해지는 과정을 통해 '이 감정은 내게 해롭지 않다.'는 인지를 강화한다. 불안을 피하려고만 하면 오히려 불안은 더욱 커지고 우리를 압도할 수 있다. 하지만 불안과 정면으로 마주하고 익숙해지는 과정을 통해 불안은 점차 그 힘을 잃고 우리 삶의 한 부분으로 자리 잡게 된다.

가령, 대중 앞에서 발표하는 것에 극심한 불안을 느끼는 사람이 있다고 가정해 보자. 처음에는 심장이 뛰고, 손이 떨리고, 목소리가 잠기는 등 극심한 신체적 반응이 나타날 수 있다. 하지만 작은 규모의 모임에서부터 시작하여 점차 발표 횟수를 늘려나가고 발표가 끝날 때마다 자신에게 긍정적인 피드백을 주는 연습을 한다면 어떨까? 처음에는 괴로웠던 그 순간들이 점차 익숙해지고, 더 이상 큰 고통으로 다가오지 않게 된다. 마치 차가운 물에 처음 들어갈 때는 몸이 움츠러들지만 시간이 지나면서 물의 온도에 익숙해지는 것과 같다. 이러한 익숙함은 불안이 우리에게 미치는 영향을 감소시키고, 불안을 통제할 수 있다는 자신감을 심어준다.

오늘날 불안은 단지 개인의 심리 상태에 그치지 않는다. 그것은 우리가 처한 사회적·문화적 구조와도 밀접하게 연결되어 있다. 특히 소셜 미디어 시대의 우리는 타인의 삶을 실시간으로 관찰하고 비교할 수 있는 환경에 놓여 있으며, 이 비교는 끊임 없는 결핍감을 유발한다. 한 연구에 따르면, SNS를 자주 사용하는 사람일수록 삶의 만족도가 낮고 불안 수준은 높은 경향을 보였다. 비교는 우리의 기쁨을 훔쳐가는 도둑이다.

이와 관련해 여행 유튜버 빠니보틀이 부탄을 여행하며 깨달은 점은 시사하는 바가 크다. 빠니보틀은 과거 자신의 유튜브 채널에서 남아시아 히말라야산맥 내륙국인 부탄을 여행한 경험을 공유했다. 부탄은 2011년 '가장 행복한 나라' 조사에서 국민 행복도 1위를 기록했던 국가였지만 2019년에는 순위가 95위로 급락해 많은 사람들을 놀라게 했다. 그 이유는 다양하겠지만 세계화와 정보화의 물결 속에서 부탄 사회 역시 외부 세계와의 비교 속에 놓이게 되었기 때문이라는 분석이 있다.

부탄은 자유여행이 금지돼 있어 관광객은 반드시 가이드를 동반해야 하며, 체류비 또한 1주일에 500~600만 원 수준으로 고가다. 도시에는 전통 방식으로 지어진 건물만 존재하고, 국어인 종카어 외에는 외래어 사용이 거의 없다. 이러한 문화적 자부심에도 불구하고 부탄 사람들 역시 더 이상 '자기 안의 기준'만으로 만족하기 어려운 시대를 살고 있는 것이다. 이는 우리가 겪는 불안이 단순한 마음의 병이 아니라, 비교 가능한 세계 속에서 형성되는 구조적 현상임을 보여준다. 절대적인 삶의 질이 아니라 상대적인 위치와 비교의 결과가 우리를 불안하게 만드는 것이다.

이런 비교에서 벗어나려면 '다른 사람보다 얼마나 앞서 있느냐'가 아니라 '나는 어떤 방향으로 나아가고 있느냐'를 질문해야한다. 비교의 기준을 외부가 아닌 자기 내면으로 전환하는 것이핵심이다. 자기를 기준으로 삼으면 불안은 경쟁심이 아닌 성장의 자극제가 된다.

이와 같은 비교 중심 문화는 버킷리스트에도 영향을 미친다. 버킷리스트는 본래 인생에서 꼭 해보고 싶은 일을 기록함으로써 삶의 방향성을 부여하고 동기를 부여하는 도구다. 그러나 이리스트가 때로는 부담이 되고, 나아가 불안을 자극하는 요소로변질되기도 한다. 특히 요즘처럼 성취 중심의 사회에서는 버킷리스트조차 일종의 '인생 성적표'처럼 기능한다. "남들은 다 하는데 나는 왜 아직도 못 해봤지?" "이걸 못 채우면 실패한 인생아닐까?" 이런 질문이 마음속에서 고개를 들기 시작하면 버킷리스트는 더 이상 꿈의 목록이 아니라 불안의 목록이 되어버린다.

이러한 강박은 두 가지 방식으로 나타난다.

첫째, 항목을 '채워야 한다.'는 압박감이다.

SNS에서 타인의 화려한 경험을 접할수록 조급함은 커지고, 자신만 뒤처졌다는 느낌에 지치게 된다.

둘째, 달성하지 못한 항목에 대한 초조감이다.

현실적 여건이 따라주지 않거나 계획이 바뀌면 그 리스트는오히려 실패를 상기시키는 목록이 되기도 한다.

따라서 버킷리스트를 동기의 원천으로 되살리기 위해서는 관점을 전환할 필요가 있다. '성취 중심'이 아닌 '의미 중심'으로 전환하는 것이다. 어떤 항목이 멋있어 보이느냐가 아니라 나에게 어떤 의미가 있느냐를 기준으로 선택해야 한다. 또한 '○○ 하기'라는 결과 지향적 표현 대신 '○○을 향해 한 걸음 내딛기'와 같이 과정 중심의 표현을 활용하면 불안은 줄고 실천 가능성은 높아진다.

예컨대 '책 출간하기' 대신 '매주 한 편의 글쓰기'처럼 단계를 나누는 방식이 더욱 지속 가능하다. 이러한 방식은 MIT 철학 교수인 키어런 세티야가 말한 '아텔릭 활동_{atelic activity}' 개념과 연결된다. 아텔릭 활동은 결과가 아니라 과정 자체에서 즐거움과 의미를 느끼게 하며, 성취에 대한 강박이나 불안 없이 지속 가능한 동기를 부여한다.

과정 중심의 사고로 전환하는 것이 중요한 이유 중 하나는 불안의 핵심 원인이 단순한 감정이 아니라 무의식적인 사고 습관, 다시 말해 '생각 중독'에 있기 때문이다. 사람들은 흔히 불안을 일시적인 감정 반응으로 이해하지만 실제로 불안은 과거의 후회, 미래에 대한 불확실성, 스스로에 대한 자책 등과 같은 자동적이고 반복적인 사고의 루프에서 비롯된다. 이러한 사고방식은 단지 '생각이 많다.'는 차원을 넘어서, 해결과는 무관한 걱정, 후회, 자책, 불길한 예측 등에 계속해서 몰입하는 상태를 의미하며, 이를 '생각 중독_{thought addiction}'이라고 한다.

이러한 생각 중독은 과거의 상처나 실수, 혹은 미래에 대한 불안과 긴밀히 연결되어 있으며, 중요한 점은 이러한 생각들이 반드시 현실의 사실일 필요가 없다는 것이다. 그럼에도 불구하고 뇌와 신체는 이러한 생각을 실제 위협처럼 인식하고, 이에 따라 불안 반응을 일으킨다. 다시 말해, 불안은 생각의 내용 자체보다는 그 생각에 몰입하고 동일시하는 방식에서 발생하는 것이다.

이러한 반복적 사고는 일종의 인지적 자동 반응이며, 반복될수록 뇌는 그 경로를 더욱 강화하게 된다. 마치 자주 지나간 길이 점점 더 단단해지듯 익숙한 사고 회로는 부정적 정서를 고착시키는 경향을 보인다. 그 결과, 불안, 우울, 자기 비난 같은 감정이 만성화되기 쉽다.

생각 중독에서 벗어나기 위해서는 다음의 두 가지 전략이 필요하다.

첫째, 생각을 '나'와 분리하여 관찰하기이다.

우리는 보통 머릿속에 떠오른 생각을 곧 '나 자신의 진심'으로 받아들이는 경향이 있다. 예를 들어 "나는 실패할 거야!"라는 생각이 떠오르면 그것이 단지 하나의 생각인지 검토하지 않고 즉각 불안감에 빠진다. 이는 생각의 내용보다 그 생각에 자신을 동일시하는 태도에서 비롯된다. 따라서 생각 중독에서 벗어나기 위해서는 이 동일시에서 벗어나야 한다. 다시 말해 생각을 '나'와 분리하여 관찰하는 훈련이 필요하다. 이를 심리학에서는 메타인지 metacognition 라고 부른다. 예를 들어 "나는 지금 실패할 수도 있다는 생각을 하고 있구나!"라고 인식할 수 있을 때, '생각하는 나'와 '떠오른 생각' 사이에 거리를 둘 수 있다. 이 관찰자적 태도는 사고의 흐름에 휘둘리지 않고, 그것을 선택적으로 다룰 수 있는 여지를 마련한다.

둘째, 현재에 집중하기다.

생각 중독은 주로 과거에 대한 후회나 미래에 대한 불안에 머물게 만든다. 하지만 우리 인간이 실제로 행동할 수 있는 시간은 오직 현재뿐이다. 그러므로 불안을 줄이기 위해서는 지금 이 순간에 주의를 되돌리는 전략이 중요하다. 현재에 집중한다는 것은 단순히 '현재에 머문다'는 의미를 넘어 주의를 의미 있는 방향으로 재배치하는 인지적 선택을 뜻한다. 이를 위한 네 가지 실천 원칙은 다음과 같다.[5]

▶ 통제할 수 없는 일이 아니라 통제할 수 있는 일에 집중한다. 생각 중독은 주로 과거에 대한 후회나 미래에 대한 불안에 머물게 만든다. 하지만 사람이 실제로 행동할 수 있는 시간은 오직 현재뿐이다. 그러므로 불안을 줄이기 위해서는 지금 이 순간에 주의를 되돌리는 전략이 중요하다.

▶ 할 수 없는 일이 아니라 지금 당장 할 수 있는 일에 집중한다. 미래의 막연한 가능성보다는 현재의 구체적 행동이 삶을 실질적으로 바꾼다.

▶ 갖지 못한 것이 아니라 지금 내가 가진 것에 집중한다. 부족함에만

주의를 집중할 경우 감사할 줄 아는 능력을 상실하게 된다. 가진 것에 대한 자각은 감정적 안정의 중요한 토대다.

▶ 과거와 미래가 아닌 오직 현재에 집중한다. '만약'이라는 가정은 생각의 미로로 빠지는 지름길이며, 현재를 살아가지 못하게 만든다.

이 네 가지 기준은 단순한 마음가짐을 넘어서 삶의 태도를 재구성하는 원칙이다. 예컨대 불확실한 미래를 걱정하는 대신, 오늘 내가 할 수 있는 준비에 집중하는 것이 심리적으로도 안정감을 주며, 실제로 더 나은 결과를 만들어 낸다.

결국 불안은 우리가 피해야 할 장애물이 아니라 삶이 우리에게 던지는 본질적인 질문이다. 따라서 불안을 완전히 제거하려 애쓰는 것은 삶의 복잡성과 불확실성을 부정하려는 시도일 수 있다. 중요한 것은 불안 없는 삶이 아니라, 불안 속에서도 방향을 잃지 않고 나아갈 수 있는 힘을 기르는 일이다. 불안을 끌어안고 그것과 더불어 살아갈 수 있을 때, 우리는 비로소 단단한 존재가 된다.

불안은 실존의 어두운 그림자가 아니라 내가 나로 살아가고자 할 때 반드시 통과해야 하는 통로다. 그 통로를 지나며 우리는 외부의 목소리가 아닌 자기 자신의 목소리를 듣게 되고, 그 소리에 귀 기울이며 삶을 설계하는 주체로 거듭나게 된다. 바로 그때, 우리는 타성의 삶에서 깨어나 실존적 성숙의 여정을 시작하게 된다.

갈등은
인간 존재의 숙명이다

인간은 왜 갈등 속에 살아갈 수밖에 없는 걸까? 사르트르는 말한다.

"나를 대상으로 만들기 위해 투쟁하고, 나 또한 그를 대상으로 만들기 위해 투쟁한다. 인간관계의 본질은 갈등이다."

갈등은 피할 수 있는 비정상적 상태가 아니라 오히려 인간 존재의 본질 그 자체라는 것이다. 그의 실존철학에서 갈등은 단지 사회적 마찰이나 감정의 충돌로 환원되지 않는다. 그것은 인간이 자유로운 주체로 살아가기 위해 반드시 마주해야 하는 구조적 조건이자 실존의 불가피한 징표다.

사르트르의 인간관계 이해는 전통적 공동체론과는 전혀 다른 출발점을 가진다. 그는 인간이 결코 단독으로 완결될 수 없는 존재이며, 타인의 인식과 시선 속에서 끊임없이 재구성된다고 본다. 문제는 바로 그 타자의 시선이다. 타자가 나를 바라보는 순간, 나는 더 이상 완전한 주체가 아닌 타자의 의식 속에서 객체화된 존재가 된다. 이 시선은 단순한 관찰을 넘어서 나를 특정한 방식으로 규정하고 고정하려는 일종의 권력적 작용이다.

이러한 타자의 시선은 나의 자유를 위협한다. 나는 나 자신을 자율적 주체로 유지하려 하지만 타자는 나를 역할과 기준 속에 가두려 한다. 이에 따라 나는 끊임없이 타자의 시선에서 벗어나려 하거나 그 시선을 되돌려 타인을 객체화하려는 투쟁에 돌입한다. 인간관계는 이처럼 상호 이해와 공감의 공간이 아니라 객체화와 탈객체화를 둘러싼 긴장과 투쟁의 장이 된다.

인간은 자유로운 존재다. 하지만 이 자유는 고립된 공간 안에서만 의미를 갖지 않는다. 타자와 함께 살아가는 세계에서 나의 자유는 언제나 타인의 자유와 충돌하고 교차한다. 내가 내린 선택은 타인의 선택을 방해할 수 있으며, 나의 자유가 커질수록 타인의 자유는 위협받는다. 자유는 결코 중립적이지 않으며, 언제나 관계 속에서 갈등을 동반한다.

사르트르에게 있어 갈등은 이렇듯 자유가 실제로 행사되는 자리에서 발생하는 실존적 긴장이다. 그것은 사회적 이견이나 단순한 오해로 생기는 문제가 아니라 자유로운 주체들이 공존할 때 필연적으로 발생하는 조건이다. 다시 말해, 갈등은 인간의 자유가 진짜라는 것을 증명하는 실존의 역설적 징표이며, 인간이 자기 삶에 책임을 져야 하는 이유이기도 하다.

이러한 갈등은 개인 간의 관계에서만 머무르지 않는다. 사르트르는 공동체 내부에서도 동일한 긴장이 구조화된 형태로 재현된다고 보았다. 인간은 타인과 함께하고자 하는 연대의 욕망을 가지고 집단을 형성한다.

하지만 시간이 흐르면 이 연대는 순수한 상호성을 잃고 권력 관계로 전환된다. 그 결과 구성원들은 서로를 감시하고 평가하며 공동의 목적이 개인의 자유를 억압하는 체제로 굳어지게 된다. 사르트르는 이를 '우애적 테러 fraternité-terreur '라고 명명했다. 이 개념은 그의 후기 주요 저작인 《변증법적 이성 비판》에서 깊이 있게 다뤄진다. 처음에는 자발적 연대였던 집단이 시간이 지나면서 제도화된 감시 체계로 전락하고, 평등을 내세운 공동체가 오히려 위계와 처벌의 메커니즘을 강화하게 된다는 것이다. 이 과정은 겉으로는 우애와 협력을 말하지만 실제로는 자유를 억압하고 권력을 집중시키는 방향으로 나아간다.

사르트르는 인간 존재를 낙관적으로 보지 않는다. 그는 인간이 자유롭기 때문에 반드시 그 자유가 타자와 충돌하고 공동체 안에서 갈등을 빚는다고 보았다. 따라서 갈등은 인간의 실패나 비정상이 아니라 실존의 정당한 결과이며 자유의 불편한 증거다. 우리가 타인의 시선과 권력 구조 속에서 부딪히는 모든 갈등은 바로 인간이 단순한 사회적 동물이 아니라 책임지는 존재, 즉 실존적 주체임을 드러내는 표식이다. 결국 갈등은 인간이 진정으로 자유롭다는 사실을 증명하는 가장 강력한 역설이다. 사르트르의 철학은 우리에게 말한다. 갈등을 두려워하지 말라. 그것은 당신이 살아 있고, 선택하고 있으며, 타자와 관계 맺고 있다는 실존의 신호다.

갈등의 극복

사르트르 철학에서 갈등의 극복은 일반적으로 말하는 조정, 타협, 해소와는 성격이 전혀 다르다. 그는 갈등을 단순한 사회적 장애물이나 비정상적 상태로 보지 않았다. 오히려 갈등은 인간 존재가 자유로운 주체로서 살아간다는 사실의 가장 본질적인 표현이며, 타자와의 관계를 맺는 한 필연적으로 발생할 수밖에 없는 실존적 조건이다.

그렇기에 사르트르에게 있어 갈등은 제거되거나 사라지는 대상이 아니라 끊임없이 마주하고 감당해야 할 존재의 전제이다. 인간은 타인의 시선을 피할 수 없으며, 나의 자유는 언제나 타인의 자유와 교차하면서 충돌한다. 이로 인해 갈등은 불가피하게 반복되며, 인간 실존의 깊은 층위에서 계속해서 작동한다.

그렇다면 우리는 갈등 앞에서 어떤 태도를 취해야 할까? 사르트르는 다음과 같은 암묵적 메시지를 남긴다. 첫째, 자신의 자유와 선택에 책임지기다. 타인의 반응이나 갈등을 회피하는 것이 아니라 자신의 행동이 만들어 낼 결과를 선택의 일부로 수용하는 것. 이는 자기기만에서 벗어나 진정한 실존적 주체로 살아가는 길이다.

둘째, 타자도 자유로운 존재임을 인정하기다. 갈등은 타인의 자유가 현실적으로 작동하고 있다는 신호다. 타인을 단순한 대상이나 방해물로 보는 것이 아니라 나와 마찬가지로 선택하고 해석할 수 있는 자유로운 주체로 인식하는 것이 필요하다.

셋째, 관계를 투쟁이 아닌 책임의 장으로 전환하기다. 타인을 객체화하려는 투쟁을 반복하는 대신, 타자와의 관계를 상호적 책임과 성찰의 계기로 전환하려는 노력이 요구된다. 이것이 바로 타자를 위한 자유의 철학적 기반이다.

사르트르는 우리에게 묻는다. "당신은 당신의 자유를 어떻게 감당할 것인가?" 이 질문은 곧, "당신은 갈등 앞에서 어떤 태도를 취할 것인가?"라는 질문과 같다. 갈등을 단순히 조정하거나 제거하려는 시도는 인간 존재의 본질을 부정하는 일이다. 중요한 것은 그 갈등을 통해 내가 더 깊은 자기이해와 타자 인식으로 나아갈 수 있는가이다.

결국, 갈등은 인간 실존의 그림자이자 빛이다. 우리는 그것을 없앨 수는 없지만 그 안에서 성장할 수 있다. 그것이 사르트르가 보여주는 실존의 길이며, 갈등을 살아내는 가장 진지한 방식이다.

갈등을 사전에 예방하려면?

앞서 언급했듯 사르트르는 갈등을 단순히 제거하거나 회피할 수 있는 문제로 보지 않았다. 그러나 그렇다고 해서 갈등이 무작위로 발생하고 무방비 상태로 방치되어야 한다는 뜻은 아니다. 오히려 사르트르는 갈등을 사전에 인식하고, 이를 책임 있게 다루려는 태도 자체가 실존적 성숙의 핵심이라고 봤다. 다시 말해, 갈등을 없애는 것이 아니라 어떻게 마주하고 준비하느냐가 중요하다.

사르트르에 따르면, 인간은 타자와 관계를 맺는 순간부터 타자의 시선에 노출된다. 이 시선은 단순한 응시가 아니라 나를 특정한 방식으로 해석하고, 정체화하며, 경우에 따라 나를 객체화하는 힘이다. 예컨대 내가 어떤 말을 할 때, 그것이 내 의도와 무관하게 타자의 해석 방식에 따라 전혀 다른 의미로 작동할 수 있다. 여기서 갈등의 씨앗이 싹튼다.

그러므로 갈등을 사전에 예방하려면 타자의 시선이 어떻게 작동하는지를 자각하는 윤리적 예민함이 필요하다. 이는 비굴하게 눈치 보기와는 다르다. 오히려 관계의 본질을 이해하고 타자를 하나의 인식 주체로 존중하는 실존적 배려에 가깝다.

예를 들어보자. A는 새로 발령받은 본부장이다. 첫 회의에서 그는 "업무 방식을 좀 더 효율적으로 바꿔보자"고 제안한다. 그는 이 발언이 합리적이고 조직에 도움이 되는 의견이라고 생각했지만 회의가 끝난 후 팀원들은 무기력하거나 냉담한 반응을 보인다. 그들은 A를 기존 방식을 무시하고 외부자의 기준을 강요하는 사람으로 해석한 것이다.

이 사례에서 A는 타자의 시선을 충분히 고려하지 않은 채, 자신의 발언이 전달될 방식을 통제하려 했다. 그러나 사르트르적 관점에서 보면, 타자의 시선은 통제 대상이 아니라 존재 조건이다. 다시 말해 A는 '무엇을 말할까?'보다 먼저 '이 자리에서 나는 어떤 이미지로 보이고 있는가?'를 자각해야 했다. 만약 A가 "제가 새로 왔지만 기존 방식에 대한 이해 없이 바꾸려는 건 아닙니다. 여러분이 편하게 느끼는 방식이 뭔지부터 듣고 싶습니다."라고 말했다면 타자에게 자신이 객체화된 통제자가 아니라 듣는 주체라는 인상을 줄 수 있었을 것이다. 이런 언어는 단지 말을 예쁘게 포장한 것이 아니라 존재론적 관계를 다르게 구성하려는 실천력이다.

사르트르는 갈등이 발생하는 결정적 지점을 타자를 객체로 다루는 순간으로 보았다. 다시 말해 타자를 수단, 기능, 역할로 축소할 때 관계는 긴장으로 변질된다. 반대로, 타자를 독립적 주체로 인정할 때 비로소 실존적 공존이 가능해진다. 이러한 인식은 일상적인 언어 속에서도 구체화될 수 있다. 예컨대 회의 자리에서 "의견을 내주세요."라는 말은 중립적으로 들릴 수 있지만 듣는 입장에서는 "내 역할에 맞는 말을 해야 한다."는 부담을 줄수 있다. 반면 "여러분의 생각이 궁금합니다."는 표현은 타자를 기능적 객체가 아닌 사고하는 주체로 인정하는 언어이다. 이런 차이는 미묘하지만 갈등 예방의 핵심이기도 하다.

사르트르의 실존철학은 언어를 단순한 소통 수단이 아닌 인간 존재를 규정짓는 행위로 본다. 이 관점에서 피드백 역시 단순한 평가나 지시가 되어서는 안 된다. 예를 들어 "잘못됐으니 다시 해라."라는 명령형 언어는 타자를 판단하고 규정짓는 객체화의 언어이다. 이는 타자의 자유를 억압하고 갈등을 유발하거나 심화시킬 수 있다. 반면 "어떤 의도로 그렇게 판단했나요?"라는 질문은 전혀 다른 차원의 피드백이다. 이는 타자를 독립적 판단과 해석이 가능한 주체로 인정하고 성찰을 유도하는 실존적 대화다. 피드백은 단순한 기술이 아니라 존재론적 선택이자 윤리적 실천이다. 어떤 언어를 사용하는가는 곧 타자를 객체로 만들 것인가, 주체로 존중할 것인가를 결정하는 행위이다.

결론적으로, 사르트르 철학에서 갈등 예방은 상황을 통제하는 기술이 아니라 타자와의 관계를 인식하고 책임 있게 구성하려는 실존적 태도에서 출발한다. 타자를 단순한 타인이 아닌, 나를 바라보는 시선의 주체로 자각하고, 그 시선을 윤리적으로 감지하는 예민함이 필요하다. 이러한 태도는 갈등을 완전히 제거하지는 못한다. 그러나 갈등을 인간 존재의 일부로 받아들이면서 그 발생 가능성을 줄이고, 발생하더라도 더 책임감 있게 대응할 수 있도록 한다. 이는 실존적 윤리이자, 언어와 관계를 통해 구현되는 구체적 실천이다.

의식은
자아를 초월한다

우리는 끊임없이 자아를 찾고 자아를 증명하며 살아간다. 자기계발 담론은 '진정한 나'를 찾으라고 외치고, SNS는 '이런 내가 되고 싶다'는 이상화된 자아 이미지로 가득하다. "나답게 살아라.", "진짜 나를 찾아라."는 메시지는 이제 일상이 되었지만, 정작 '나'란 무엇인지에 대한 비판적 질문은 잘 보이지 않는다. 우리가 그렇게 갈망하는 '진짜 나'는 과연 실체가 있는 것일까, 아니면 시대가 만들어 낸 또 하나의 환상일까?

서양 철학에서 자아란 오랫동안 인식의 출발점이자 중심축이었다. 데카르트는 "나는 생각한다, 고로 존재한다"는 명제로 자아를 의식의 본질로 규정했고, 칸트는 모든 인식을 통합하는 선험적 주체, 다시 말해 '초월적 자아'를 통해 경험의 가능 조건을 설명했다. 이 자아는 세계를 바라보는 눈이자, 세계를 조직하는 틀이었다. 인간은 내면의 중심에 자기를 두고, 외부 세계를 판단하고 조정할 수 있는 존재로 이해되었다.

하지만 고정된 자아 개념은 여러 문제를 낳는다. "나는 이런 사람이다."라는 믿음은 자아를 절대화하고, 변화나 타자와의 관계 속에서 자신을 새롭게 구성할 가능성을 닫아버린다. 자아가 고정될수록 인간은 낯선 것, 불확실성, 타자성과의 관계를 회피하게 되고, 결국 자기중심적이고 폐쇄적인 틀에 갇히게 된다.

이러한 자아 개념에 근본적인 의문을 제기한 철학자가 사르트르다. 그는 자신의 저서 《자아의 초월성》에서 자아를 철학적·존재론적으로 해체하고, 인간 존재를 자아 너머에서 다시 사유할 것을 요청한다. 그는 데카르트와 칸트의 전통을 비판하며, 자아를 더 이상 인식의 주체로 보지 않는다. 사르트르에게 의식은 그 자체로 세계를 향해 나아가는 순수한 활동이며, 자아는 이 활동의 결과로 나중에 구성되는 산물일 뿐이다. 그는 자아를 의식 속에 거주하는 실체가 아니라 의식 밖에 놓인 대상으로 본다.

그의 핵심 주장은 다음과 같다. 의식은 근본적으로 의도적이다. 다시 말해 의식은 항상 어떤 대상을 향해 열려 있으며, 그 대상이 세계 속의 사물일 수도 있고 타자일 수도 있다. 중요한 것은 이 의식의 구조 안에는 자기 자신이 포함되지 않는다는 점이다. 자기를 의식의 대상으로 삼으려면 의식은 스스로를 반성의 대상으로 삼아야 한다. 이 반성 행위 속에서 비로소 자아라는 것이 출현한다. 다시 말해 자아는 선험적 존재가 아니라 반성적 구성물이다.

자아는 '있기 때문에 생각하는' 것이 아니라, '생각함으로써 구성되는' 것이다. 이러한 관점에서 자아는 발견되는 존재가 아니라 실천 속에서 끊임없이 생성되고 변화하는 구조적 형식이다. '진짜 나'를 찾아 나서는 탐색은 실은 아직 구성되지 않은 자기를 향한 실존적 모험일 수 있다. 사르트르에게 자아란 내면의 본질이 아니라 우리가 무엇을 선택하고 어떻게 행동하느냐에 따라 만들어지는 실존적 결과다. 자아는 본질이 아니라 형성 과정인 것이다.

사르트르가 자아를 해체하려 한 이유는 단순한 해부학적 비판에 있지 않다. 자아를 인식의 중심에서 밀어냄으로써 그는 인간을 더 이상 폐쇄된 내면의 탐색자가 아니라 세계 속에서 실천하고 선택하는 책임 있는 존재로 재구성한다. 다시 말해 그는 철학을 자기 내면의 탐구에서 세상 속에서 살아가는 인간의 책임으로 전환하고자 했다.

이러한 전환은 '비자아적 의식'이라는 개념으로 표현된다. 이 의식은 자아에 의해 주도되지 않는 의식, 자신을 중심으로 세계를 재단하지 않는 열린 의식이다. 이 의식은 세계 속에서 타자와 마주하고, 상황 속에서 자기 존재를 결정하며, 끊임없이 스스로를 초과하려는 실존적 운동이다. 여기서 인간은 완성된 자아를 가지고 살아가는 존재가 아니라 끊임없이 자기를 창조해야만

하는 자유로운 존재가 된다.

에고의 오해

'에고ego'는 본래 라틴어에서 '나 자신'을 의미하는 단어다. 철학이나 심리학에서는 그것이 인간 존재의 중심축, 다시 말해 세상을 인식하고 경험하는 주체로서의 자아를 뜻한다. 프로이트는 이를 '이드id'와 '초자아superego' 사이에서 현실을 조율하는 기능으로 설명했으며, 앞서 살펴본 바와 같이 사르트르 철학에서도 자아는 자유로운 선택과 책임의 주체로 이해된다. 그러나 오늘날 대중문화나 일상 언어에서 에고라는 단어는 그 본래의 의미에서 점점 멀어지고 있다.

현대 사회에서 누군가를 두고 "에고가 세다"고 말할 때, 이는 흔히 자기중심적이며 타인을 배려하지 않고 고집이 세며 융통성이 부족하다는 부정적인 평가로 받아들여진다. 이러한 인식은 단지 개인 간의 감정 문제를 넘어, 자아 자체에 대한 왜곡된 사회적 관념을 반영한다. 자아는 원래 인간 존재의 근본 구조임에도 불구하고 특정 성격 유형이나 부정적 태도에 대한 낙인으로 축소되고 있는 것이다.

실제로 언어 사용의 현실도 이를 뒷받침한다. 수천 건의 신문 기사에서 '에고'라는 단어가 사용된 문맥을 분석한 결과, 약

90퍼센트 가까운 비율로 이 용어는 부정적인 의미로 쓰이고 있었다. 이는 리더십 강의나 교육 프로그램 참가자들 사이에서도 유사하게 나타났다. 응답자의 대다수는 '에고'라는 단어를 보자마자 부정적인 감정을 떠올렸고, 그중 많은 이들이 '오만하다', '자기 고집이 세다', '불안하다', '방어적이다' 등의 단어를 연상했다. 이처럼 에고는 거의 자동적으로 문제적 성격과 연결된다.

더 나아가 이러한 왜곡된 인식은 조직의 의사결정과 성과에도 직접적인 영향을 미친다. 오하이오 주립대학의 폴 너트 박사는 20여 년에 걸쳐 수백 개의 조직을 분석하며, 사업상 의사결정의 실패 원인을 추적한 연구를 발표했다. 그에 따르면, 전체 의사결정 실패 사례의 약 3분의 1은 리더의 에고에서 비롯되었다. 구체적으로는 다음과 같은 세 가지 특징이 실패의 주요 원인으로 나타났다.[6]

▶ 실패한 의사결정 중 약 33%는 리더의 자기 고집, 체면 의식, 독단성 등 '에고의 작동'에 의해 발생했다.

▶ 의사결정권자의 약 66%는 일단 결정을 내리면 새로운 대안을 고려하지 않으며, 타인의 의견에도 귀를 기울이지 않았다.

▶ 관리자들의 81%는 실제 자신의 신념보다는 상부의 지시나 설득에 의해 결정을 수용했다. 이는 자율적 사고보다는 위계적 구조에 순응하는 태도를 보여준다.

이러한 결과는 리더의 왜곡된 자아 또는 과잉된 에고가 어떻게 조직의 판단력을 흐리고 유연성을 저해하는지를 잘 보여준다. 하지만 여기서 중요한 구분이 필요하다. 문제는 자아 그 자체가 아니라 그것이 어떻게 작동하고, 어떤 방식으로 관계 속에 표현되는가다. 자아가 존재하지 않는 인간은 없다. 자기 인식은 모든 선택과 책임, 관계 형성의 출발점이며, 인간 정신의 핵심적 구조이다. 그러므로 에고는 반드시 부정적으로만 해석되어야 할 개념이 아니다. 오히려 자아는 건강하게 작동할 때 자신뿐 아니라 공동체에도 긍정적인 에너지를 전달하는 원천이 된다.

오늘날 우리에게 필요한 것은 자아의 해체도, 무조건적인 강화도 아니다. 자아는 발견하는 것이 아니라 형성하는 것이다. 우리는 '진짜 나'를 찾아야 하는 것이 아니라, 매 순간의 선택과 관계 속에서 책임 있게 구성해야 한다. 자아란 완성된 실체가 아니라, 끊임없이 조율되고 갱신되는 열린 과정이다. 우리가 진정 추구해야 할 것은 '진짜 나'가 아니라, '진정한 관계'와 '책임 있는 실존'일지도 모른다.

숨겨진 손익계산서

에고는 모든 기업의 손익계산서에 포함되지 않는, 그러나 분명 존재하는 숨은 비용 항목이다. 회의실, 팀플레이, 리더십, 피드백, 성과 평가 등 조직의 거의 모든 장면에 에고는 모습을 드러낸다. 문제는 그 에고가 너무 자주 우리를 방해한다는 점이다. 미국 작가 컬린 하이타워는 "에고는 우리의 조용한 동반자이지만 지배하려는 야심을 너무 자주 드러낸다"고 말한다. 조직 생활에서 에고가 부정적으로 작동하는 데는 길어야 몇 분이면 충분하다. 비교 일삼기, 방어적 자세 취하기, 특출함 과시하기, 인정받으려고 애쓰기과 같은 현상은 에고가 부정적으로 작용할 때 일어난다. 이러한 경보 신호들이 나타날 때, 에고는 자산이기보다는 부채가 된다.

끊임없는 비교

회의 중에 다른 동료가 발표한 아이디어에 박수가 터지면 어떤 사람은 그 아이디어의 내용보다 그 사람의 평판이나 성과와 자신을 비교하기 시작한다. "왜 저 사람만 주목받지?", "나도 저 정도는 할 수 있었는데…." 이런 생각이 스며드는 순간, 에고는 자기 가치를 타인의 성과에 빗대어 계산한다.

비교는 자극처럼 보이지만 지속되면 불안과 열등감을 낳고 협업보다는 경쟁을 부추긴다. 그 결과, 조직 내 신뢰와 유대는 약화되고, 에너지의 초점은 공동의 성과가 아니라 개인의 위치에 쏠리게 된다. 56년에 걸친 26개 연구 사례를 바탕으로 한 메타 분석에 따르면, 협력이 경쟁보다 훨씬 나은 성과를 내는 것으로

나타났다.[7]

방어적 자세

피드백을 받는 순간 얼굴이 굳어지거나 "그건 상황을 몰라서 하는 말이에요."라며 설명부터 덧붙이는 사람이 있다. 이는 자신이 틀렸다고 받아들이는 것이 아니라 자신의 정체성이 위협받는 것처럼 느끼기 때문이다. 이때 에고는 성장을 위한 피드백을 적대적인 평가로 오인하게 만든다. 결과적으로 학습은 차단되고, 관계는 경직되며, 팀은 소통보다 회피로 기울어지기 쉽다.

특출함 과시

회의에서 불필요하게 말을 길게 하거나 모든 대화에 끼어들어 자신의 의견을 강조하는 사람도 있다. 이는 협업보다 '내가 얼마나 똑똑한지를 증명하고 싶은 욕구'에서 비롯된다. 에고는 "내가 중심이 되어야 한다"고 속삭이고, 그 욕망은 과도한 개입이나 통제 욕구로 나타난다. 결국 주변의 자율성과 참여 동기를 떨어뜨리고, 조직은 한 사람의 무게 중심에 쏠리게 된다.

인정 욕구

"제가 한 거예요.", "이건 제 아이디어에서 나온 겁니다."라는 말은 때로 정당한 크레딧 요구일 수 있지만, 빈도가 높아질수록 에고가 인정 중독 상태임을 드러낸다. 자신의 가치를 외부의 평가와 칭찬으로만 확인하려는 욕구는 결국 자율성과 안정감을 갉아먹는다. 인정받지 못하면 좌절하거나 경쟁자를 향한 은근한 질투로 이어지기도 한다. 이 역시 팀워크를 깨고 감정적 피로감을 높이는 요인이 된다.

에고는 우리의 성취나 가능성이 아니라 우리가 그 성취를 어떻게 해석하느냐에 따라 자라난다.《에고라는 적》의 저자인 라이언 홀리데이는 "성공은 에고의 이상적인 먹잇감"이라고 표현했다. 작게는 칭찬 한 마디, 크게는 승진이나 성과 인정이 '나는 특별하다'는 착각을 키운다. 이렇게 부풀어 오른 자아는 학습의 중단, 관계의 파열, 현실 왜곡과 같은 문제를 낳는다. 이러한 에고의 작동은 앞서 언급한 비교, 방어, 과시, 인정욕구와 직결된다. 에고는 '내가 중요한 존재다'라는 정체성을 유지하기 위해 방어적으로 반응하며, 이는 결국 조직 내 갈등과 불신을 키우는 토양이 된다.

에고의 충동에서 벗어나는 법

에고는 우리 모두 안에 있다. 조용히 있다가도 누군가 나를 무시하는 듯한 말을 하거나, 동료의 성과가 내 것을 가리는 순간, 슬그머니 고개를 든다. 라이언 홀리데이는 이를 "에고는 실패의 씨앗이자, 성공의 발목을 잡는 그림자"라고 말한다.

그렇다면 방법은 없을까? 물론 해결책은 존재한다. 그리고 그 핵심은 다름 아닌 겸손이다. 에고는 언제나 과거의 성취에 안주하고 타인의 인정에 집착하며, 이상화된 자기 이미지를 고수하려 한다. 사르트르에 따르면, 이는 '나 자신이 되어버리는' 상태, 다시 말해 불성실inauthenticité 의 전형이다. 그는 인간을 '아직 되지 않은 존재', '스스로를 정의하는 존재'로 보았다. 겸손이란 곧, "나는 아직 완성되지 않았다"는 사실을 인정하고 자기를 넘어서려는 의식적인 태도다.

이러한 통찰은 라이언 홀리데이의 주장과도 깊은 맥락을 공유한다. 그는 "겸손은 실패에 대비하는 보험이며, 성공을 지속시키는 연료"라고 말하며, 배움의 자세야말로 에고의 함정에 빠지지 않는 유일한 길이라고 강조했다. 이 겸손의 철학을 조직에 적용하면 다음과 같은 세 가지 방향에서 실천할 수 있다.

첫째, 모든 피드백을 학습의 기회로 받아들이는 태도를 기른다.

누군가의 지적에 방어하기보다 "내가 보지 못한 시각이 있을 수 있다"는 열린 자세로 듣는다. 회의에서는 자신의 주장을 입증하는 데 집중하기보다 상대의 말이 왜 나왔고, 어떤 맥락에서 나온 것인지를 경청하는 것이 더 중요하다. 타인의 성과도 위협이 아니라 자극으로 해석한다. 비교와 감정 대신 협력과 구조를 중심에 둔다.

둘째, 현실에 몰입하는 태도를 기른다.

에고는 과거의 성공에 머물거나 미래의 찬사를 상상할 때 가장 커진다. 그러나 변화는 오직 현재에서만 가능하다. 라이언 홀리데이는 이를 "Doing the Work"라고 표현하며, 결과보다 과정과 수행에 집중하는 자세를 강조한다. 조직에서 이 원칙은 다음과 같은 방식으로 구현된다. 성과보다는 책임에 집중하고, "내가 어떻게 보일까?"보다는 "지금 내가 해야 할 일은 무엇인가?"를 스스로에게 묻는다. 칭찬과 비판은 나를 들여다보는 '거울'이 아니라 더 나은 방향을 탐색하는 '창'으로 받아들인다. 또한 직급이나 포지션보다는 현재 맡고 있는 역할과 팀을 위한 기여에 집중한다.

셋째, 에고를 다스릴 수 있는 구조적 시스템을 만든다.

에고는 감정이자 습관이다. 개인의 의지만으로 통제하기 어렵기 때문에 조직은 이를 구조와 문화로 보완해야 한다. 예컨대 구성원이 틀릴 수 있고 부족할 수 있는 심리적 안전감을 조성해야 한다. "괜찮다!"는 분위기 속에서만 진정한 학습과 변화가 가능하다. 또한 리더십을 순환시키거나 권한을 분산하는 구조를 도입함으로써 특정 개인에게 힘이 과도하게 집중되지 않도록 설계해야 한다. 마지막으로, 성과가 아니라 학습을 보상하는 문화가 필요하다. 결과보다 과정 속에서 드러난 협업, 피드백 수용력, 변화 의지를 인정해야 한다.

에고는 버린다고 결코 사라지지 않는다. 중요한 것은 그 존재를 인식하고 감시하며, 적정선에서 다스리는 것이다. 에고에 휘둘리는 사람과 에고를 조용히 통제하는 사람의 차이는 결국 조직의 분위기, 성과, 성장의 방향을 좌우하게 된다. 사르트르는 인간을 고정된 자아에 갇힌 존재가 아니라 끊임없이 자신을 넘어서는 초월적 존재로 보았다.

이는 곧, 우리는 에고에 머무를 수도 있지만, 의식적인 선택을 통해 더 나은 나, 더 나은 태도와 관계를 지향할 수도 있다는 뜻이다. 에고의 충동이 올라올 때마다 우리는 '나는 누구인가?'가 아니라 '나는 어떤 존재가 되기로 선택할 것인가?'를 스스로 묻고 결정할 수 있어야 한다.

결국 강한 조직이란 스타나 천재에 의존하는 조직이 아니다. 오히려 자신을 과시하기보다 내려놓을 줄 알고, 에고를 앞세우기보다 스스로를 초월하려는 사람들로 구성된 조직이다. 그런 사람들은 말없이 신뢰를 쌓고, 영향력을 행사하면서도 조용히 팀을 움직인다. 그리고 바로 그런 사람들이 모인 조직은 가장 조용하면서도 가장 깊고 강력하게 성장한다.

실존적
협상의 기술

사르트르에게 타자는 단순히 외부에 놓인 대상이 아니다. 타자는 나처럼 의식을 지닌 자유로운 존재이며, 무엇보다 나를 바라보는 시선을 지닌 존재다. 그 시선은 중립적이지 않다. 타자가 나를 보는 순간, 나는 단지 내가 설정한 자율적 존재로 머무르지 못한다. 나는 타인의 인식 속에서 객체화되고, 정의되고, 때론 왜곡된다. 이로 인해 나는 수치심, 불안, 방어적 태도 같은 복합적인 감정의 소용돌이에 휘말린다. 협상은 이런 관계의 농축된 장場이다.

협상 상황에서 우리는 서로를 향해 눈빛을 주고받고 언어로 압박하며, 전략으로 자신을 방어하거나 포장한다. 상대방의 시선은 나를 제한하고 나의 가능성을 고정된 형태로 축소시킨다.

때문에 협상은 쉽게 경쟁 도구화의 싸움으로 전락할 수 있다. 각자는 상대를 통제 가능한 대상으로 만들고자 하며, 이때 협상은 더 이상 대화가 아니라 무언의 전쟁이 된다.

하지만 사르트르는 이러한 협상을 회피하거나 제거할 수 없다고 말한다. 오히려 그는 타자 없는 나는 불완전하다고 강조한다. 나의 존재는 타자의 인식 안에서 새롭게 드러나며, 나는 타자의 시선을 통해 나 자신을 보다 깊이 이해하게 된다. 이는 나를 침범하는 위협인 동시에 나를 구성하는 중요한 단서다.

그렇기에 협상에서 중요한 것은 타자를 무력화하거나 제거하는 것이 아니다. 타자의 존재를 인정하고, 그 자유와 시선을 실존적으로 수용하는 것이 더 근본적인 접근이다. 사르트르는 이와 같은 태도를 '나의 타자에 대한 제1의 태도'라고 규정했다. 타자는 원칙상 나를 바라보는 자이다. 또한 타자는 나의 존재 근거를 담고 있고, 그렇기 때문에 내가 나의 존재 비밀을, 나의 존재 근거를 찾아나서는 경우 내가 타자에 대해 취할 수 있는 태도들 가운데 하나는 바로 그가 품고 있는 나에 관한 비밀을 그대로 내게로 흡수하는 일이 될 수도 있다는 것이다.[8]

협상 상황에서 이 태도는 상대방의 표면적인 요구, 다시 말해 포지션 Position 에만 고집하지 않고, 그 요구 뒤에 담긴 깊은 욕구와 필요, 다시 말해 인터레스트 Interest 에 주목하는 것과 연결된다.

예를 들어, 두 부서장이 한정된 예산을 두고 협상하는 상황을 생각해 보자. A 부서는 '예산을 20퍼센트 늘려야 한다'고 강하게 주장하는 반면Position, B 부서는 'A 부서에 더 주면 우리 부서가 타격을 입는다'며 반대한다Position. 보통은 서로의 입장만 부딪히며 힘겨루기가 벌어지기 쉽다.

그러나 사르트르가 말한 '타자에 대한 제1의 태도'를 적용한다면, 우리는 상대방의 입장을 단순한 적대 행위로 보지 않고, 그 안에 담긴 자유와 욕구를 인정하게 된다. A 부서는 단순히 '돈을 더 달라'고 외치는 것이 아니라 자신의 부서가 더 좋은 성과를 내고 회사에 기여하고자 하는 자유로운 주체로서의 욕구를 품고 있다. B 부서 역시 마찬가지로 자신의 부서를 지키고자 하는 욕구를 가지고 있다. 그래서 우리는 서로의 입장 뒤에 숨어 있는 진짜 이유, 다시 말해 '왜 20퍼센트 증액이 필요한가?', 'B 부서가 무엇을 우려하는가?'를 질문하고 탐색한다.

그 결과 A 부서는 신규 프로젝트를 추진하기 위해 자금이 절실하며, B 부서는 예산 삭감으로 인한 인력 감축 위험을 걱정하고 있다는 사실을 알게 된다. 이처럼 타자의 시선 속에서 나 자신을 다시 인식하며, 상대의 욕구와 나의 욕구를 함께 조율하는 과정에서 협상은 단순한 힘겨루기가 아니라 공동 문제 해결의 과정으로 전환된다. 결국 협상 당사자들은 서로가 원하는 것을 모두 충족시키기는 어렵다는 현실을 인정하면서도 중복 투자되는 부분을 조정하고 일부 자원을 효율화하는 방안을 모색하며 예산을 재배분하는 해결책을 찾아간다.

이러한 협상의 방식은 실제 사례에서도 강한 울림을 준다. 대표적인 예가 2008년 미국 자동차 산업 구제 협상이다. 당시 GM, 포드, 크라이슬러 등 미국의 대표적인 자동차 회사들이 글로벌 금융위기로 인해 파산 위기에 처하자 이들은 정부에 340억 달러 규모의 구제금융을 요청했다. 하지만 정부와 의회는 이를 강하게 반대했고 노동조합 역시 강경한 입장을 고수하며 협상은 막다른 길로 치달았다.

표면적으로 드러난 각 주체의 입장은 전형적인 포지션의 충돌이었다. 자동차 기업은 "정부가 자금을 지원하지 않으면 수백만 개의 일자리가 사라질 것"이라며 구제금융을 요구했고, 정부와 의회는 "세금을 낭비할 수 없다"며 이를 거부했다. 노동조합은 "우리는 이미 충분히 양보했다"며 추가 임금 삭감에 강하게 반발했다.

하지만 협상이 전환점을 맞은 순간은 각 주체가 서로의 입장을 단순한 요구나 방어로 보지 않고 그 안에 담긴 진짜 이유, 다시 말해 인터레스트를 탐색하면서부터였다. 자동차 기업이 요구한 것은 단순히 '돈'이 아니라 자신들과 하청업체, 지역 경제를 포함한 산업 생태계를 유지하고 재건할 수 있는 시간과 기회였다. 정부 역시 무조건적인 반대를 위한 반대가 아니라 국민 세금의 책임 있는 사용과 기업의 자생력 회복을 원했다.

노동조합 또한 기득권을 지키려는 것이 아니라 장기간의 생계를 지켜온 일자리를 한순간에 잃을 수 있다는 존재적 불안에 대응하고자 했던 것이다. 이처럼 서로의 존재와 시선을 인정하고 각자의 욕구를 실존적으로 수용하려는 태도가 협상의 전환점을 만들었다. 사르트르의 표현에 의하면, 타자를 도구나 장애물이 아닌 자유로운 존재로 인정하고, 그 시선 속에서 나 자신을 다시 구성하는 태도가 협상의 새로운 가능성을 연 것이다.

결과적으로 노조는 일정 수준의 임금 양보와 복지 조정을 수용했고, 정부는 기업에 대한 자금 지원을 조건부로 승인했으며, 자동차 회사들은 핵심 사업 재편과 비효율 자산 매각을 단행했다. 이 과정을 통해 GM은 파산보호 절차를 거쳐 재건에 성공했고 산업 생태계의 붕괴를 막는 데 성공했다.

거울효과

사르트르는 타자의 시선을 단순한 외부의 관찰이 아니라 나의 존재를 규정하고 흔들 수 있는 강력한 힘으로 보았다. 그는 우리가 타자의 시선을 실존적으로 수용하려 할 때, 종종 마치 타자가 나를 바라보는 것처럼 스스로를 바라보는 '거울 놀이'를 하게 된다고 말한다. 이러한 심리는 그의 희곡《닫힌 방》의 한 등장인물인 에스텔을 통해 문학적으로 구현된다.

에스텔은 한때 거울 궁전에 살며, 방 안에 여섯 개의 거울을 걸어놓고 그 앞에서 자신을 끊임없이 관찰했다. 그녀는 "나는 여섯 개 거울 가운데 한 개를 내 모습을 비추어볼 수 있도록 맞추어 놓았지요. 나는 말을 하고, 이러한 나의 모습을 마치 다른 사람들이 보는 듯이 보곤 했지요. 이렇게 하면 정신이 번쩍 들게 돼요."라고 말한다. 이 고백은 단지 자기애의 표현이 아니라 타자의 시선을 흉내 내어 자신을 파악하려는 실존적 시도이다.

이처럼 타자의 시선을 통해 자신을 다시 구성하고자 하는 거울 놀이는 실제 협상에서도 유사한 방식으로 나타난다. 이를 협상에서는 '미러링 Mirroring'이라 부른다. 미러링은 상대방의 말이나 감정, 입장을 그대로 반영하거나 되짚어줌으로써, 상대의 입장을 더 깊이 이해하고 신뢰를 이끌어내는 심리적 기술이다. 단순한 반복이 아니라 상대의 감정과 언어를 내 태도를 통해 비추어 줌으로써 '나는 당신을 이해하고 있다'는 메시지를 전달하는 것이다.

예를 들어, 한 스타트업 팀에서 핵심 구성원이 팀 리더에게 연봉 인상을 요청하는 상황을 보자. 이 구성원이 "현재 연봉으로는 생활이 어렵고 역할에 비해 보상이 부족하다"며 20퍼센트 인상을 요구했을 때, 리더가 단순히 "회사의 자금 상황이 어렵다"고 맞받아친다면 협상은 포지션 싸움으로 흘러갈 수 있다. 그러나 리더가 "지금의 보상이 역할과 기여에 비해 부족하다고 느끼시는 거군요."라고 반응하며 미러링을 활용한다면 상대는 자신의 감정이 수용되었다고 느끼고 더 깊은 이야기를 꺼낼 수 있다. 이후 "실은 팀에서 중추적인 역할을 해왔다는 자부심이 있었는데,

보상이 따라오지 않다 보니 동기가 떨어지기 시작했다."는 속내가 드러나면서 협상은 단순한 연봉 문제가 아닌 인정 욕구와 동기 부여라는 근본적인 관심사로 전환된다.

결국 미러링은 단순한 대화와 협상 기술을 넘어 사르트르가 말한 실존적 태도와 맞닿아 있다. 우리는 타자의 시선을 통해 나를 다시 바라보고, 상대의 입장을 반영함으로써 서로의 욕구를 조율하고 공동의 해법을 모색할 수 있다. 협상은 이처럼 힘겨루기가 아니라 거울을 통해 함께 문제를 바라보는 실존적 과정이다.

존재를 증명해야 하는 사람들

사르트르의 존재론에서 타자는 결코 나에게 협력적이거나 호의적인 존재가 아니다. 그들은 오히려 나의 자유를 제한하고, 나를 대상화함으로써 스스로 존재를 정의하려는 나의 시도를 방해하는, 일종의 근본적으로 협력하기를 거부하는 자다. 그렇기에 타자의 시선은 늘 불편하고, 때로는 위협적이며, 결국에는 내가 연기를 통해서라도 그 시선을 관리하고자 하게 만든다.

사르트르가 소설 《말》에서 고백하듯, 어린 시절의 그는 일찍 아버지를 여의고 외가에 의탁하면서 자신의 존재를 증명하고 정당화하기 위해 다양한 연극을 펼쳤다. 어린 사르트르가 어머니와 외할머니와 같이 미사에 참여했을 때와 같은 공공장소에서도 이루어진다.

'나는 기도대에 무릎을 꿇고 동상처럼 되어버린다. 발가락 하나도 움직여서는 안 된다. 나는 뺨 위로 눈물이 흘러내릴 때까지 깜빡도 하지 않고 앞을 똑바로 쳐다본다. 물론 다리가 저려서 죽겠지만 끝끝내 참는다. 그러나 이겨낼 자신이 있다. 제 힘이 얼마나 강한가를 알고 있으니까, 가장 못된 유혹을 스스로 서슴지 않고 만들어내서, 그 유혹을 물리쳤다는 기쁨을 가져보려고 한다. "땅! 땅!"하고 소리치면서 일어나버릴까? 원주 위를 기어올라 성수반에 오줌을 갈길까? 이러한 끔찍한 유혹을 물리쳤으니 조금 후에 어머니의 창찬을 더욱 의기양양하게 받을 수 있으리라. 그러나 나는 거짓말을 하고 있었던 것이다.'[9]

사르트르는 왜 이런 연극을 해야 했을까? 이유는 단 하나다. 그는 스스로 자신의 존재를 정당화할 수 있는 힘을 갖고 있지 않았기 때문이다. 존재는 외부의 승인, 특히 타자의 인정을 통해서만 실현된다고 느꼈기에 연극은 그의 유일한 생존 방식이자 존재 방식이었다.

이는 단지 개인적 성장기의 이야기로 그치지 않는다. 현대의 경영과 사회적 관계의 장에서도 이와 같은 연극적 자기 연출은 자주 등장한다. 특히 힘의 불균형이 존재하는 협상 — 예를 들어 자금이 필요한 벤처 창업가와 자원을 가진 투자자 간의 협상 —

에서는 연기의 필요성이 더욱 강하게 작동한다. 약자는 자신의 프로젝트나 팀의 결속력을 실제 이상으로 포장하거나 장기적인 비전을 극적으로 강조함으로써 타자의 시선을 붙잡고자 한다. 이 역시 존재를 증명받기 위한 연기이며, 사르트르가 말한 실존적 조건의 또 다른 사회적 발현이다.

조직 내 리더 역시 다르지 않다. 리더는 구성원, 투자자, 외부 이해관계자 등 수많은 시선 속에서 '강인함', '합리성', '도덕성' 같은 이상적 이미지를 연기한다. 그러나 사르트르의 통찰이 우리에게 던지는 핵심 질문은 이것이다. "우리는 진짜 자신을 경영하고 있는가, 아니면 타자의 시선 속에서 기대되는 인물상을 연기하고 있는가?" 이 질문은 단순한 철학적 사유가 아니라 경영과 협상의 실제 장면에서도 중요한 기준이 된다. 연기는 전략이 될 수 있지만 그것이 내면화된 강박으로 굳어질 경우 우리는 결국 자신을 속이는 함정에 빠지게 된다. 사르트르가 고백하듯, 연극은 때로 진정한 욕구를 왜곡시키며, 심지어 자기 자신에게도 거짓말을 하게 만든다.

협상과 관계에서도 마찬가지다. 지나치게 좋은 인상을 주려는 집착은 본래의 목표를 흐리고 감당할 수 없는 조건을 수용하거나 상대의 기대에 맞추기 위해 본심을 숨기는 결과로 이어질 수 있다. 그렇기에 협상이나 경영에서 중요한 것은 단순한 연기의 기술이 아니라 그 연기를 하고 있는 나 자신을 인식하는 메타적 자각이다. 우리는 타자의 시선을 완전히 벗어날 수 없다. 하지만 그 시선을 어떻게 받아들이고, 어디까지 수용할지를 스스로 결정할 수는 있다. 결국 중요한 것은 진정성과 전략 사이의 긴장을 어떻게 조율하느냐이다.

진정성만 고수하면 협상에서 손해를 볼 수 있고, 전략만을 추구하면 신뢰를 잃는다. 좋은 협상가는 자신의 욕구와 감정을 전략적으로 구성하여 표현하되, 그 과정에서 자신의 존재가 왜곡되지 않도록 주의하는 사람이다. 타자의 인정을 필요로 하되, 그것이 자신의 정체성을 잠식하지 않도록 균형을 유지하는 능력, 바로 여기에 사르트르 철학이 현대 사회에 주는 깊은 통찰이 있다.

악은 어떻게
일상이 되는가?

우리는 일반적으로 '악'을 도덕적 기준에 어긋나는 행위로 이해한다. 예컨대 거짓말, 폭력, 살인, 배신 등은 문화나 종교, 윤리체계에 따라 악으로 간주된다. 고전적인 종교 윤리에서는 악이란 신의 계명을 거스르는 행위이고, 칸트 윤리학에서는 정언명령에 위배되는 보편화할 수 없는 이기적 행위가 악이다. 즉 전통적 정의에서 악은 규범 위반이다. "하지 말아야 할 것을 한 것", 혹은 "해야 할 것을 하지 않은 것"이 악이라는 것이다.

그러나 사르트르의 실존주의는 악의 개념을 전혀 다른 차원에서 정의한다. 그에게 악은 윤리적 규범의 위반이 아니라 존재 방식의 왜곡이다. 그는 인간이 본질적으로 자유롭다는 사실에서 철학을 출발시키며, 이 자유를 회피하고 책임으로부터 도피하는 태도를 악이라 간주한다. 악은 규범 위반이 아니라 자유의 포기이며 자기 존재에 대한 거짓이다.

사르트르는 《존재와 무》에서 인간을 "자신이 아닌 것을 존재하지 않게 하는 존재"라고 정의한다. 이는 인간이 어떤 고정된 본질이나 목적에 따라 살아가는 존재가 아니라 자신을 끊임없이 구성해나가는 주체라는 뜻이다. 인간은 자신의 삶을 선택하고, 그 선택의 결과에 대해 책임을 져야 한다. 이때 자유는 축복인 동시에 형벌이 된다. 인간은 무한한 가능성 속에서 끊임없이 선택을 요구받으며, 그 선택의 결과를 홀로 감당해야 하기 때문이다.

문제는 이 자유의 무게가 인간에게 지나치게 버겁게 느껴진다는 점이다. 사르트르는 많은 인간이 이 무게를 견디지 못하고 자기기만에 빠진다고 보았다. 이는 자신의 자유를 외면하거나 부정하고, 마치 외부 환경이나 타인의 명령에 의해 움직이는 수동적 존재인 것처럼 스스로를 규정하는 방식이다. 예컨대 누군가 "나는 어쩔 수 없이 이 일을 할 수밖에 없었어."라고 말할 때, 그는 자신의 선택 가능성을 외면하고 마치 상황이 자신을 강제했다고 믿는다.

이것은 거짓이다. 그리고 이 거짓이야말로 사르트르가 말하는 악의 본질이다. 이러한 악은 종종 다음과 같은 언어로 드러난다. "그건 내가 선택한 게 아니야.", "조직이 시키는 대로 했을 뿐이야.", "나는 그냥 내 역할에 충실했을 뿐이야.", "그땐 다른 선택지가 없었어." 이런 말들은 책임의 주체로서의 자신을 외면하고 자유로운 존재로서의 자신을 객체로 환원시키는 시도다. 다시 말해, 존재의 자유를 지우고 스스로를 기계적 반응의 산물로 만들려는 자기기만이다. 악은 바로 이 자기기만을 통해 현실화된다. 이는 단지 거짓말이나 위선을 넘어 자기 존재에 대한 거짓이다.

사르트르는 또 다른 악의 구조로 타인의 시선을 통해 자기 자신을 정의하는 방식을 들었다. 《존재와 무》에서 그는 "타자의 시선은 나를 객체화한다"고 말했다. 인간은 타인의 시선 속에서 인정받고자 하는 욕망이 있지만, 동시에 그 시선을 받아들이는 순간 자신의 자유를 상실하게 된다. 예를 들어 누군가 "나는 부모가 시키는 대로 살 뿐이야", "우리는 원래 이런 식으로 일해왔어"라고 말할 때, 그는 자신의 존재 책임을 타자나 관습에 외주화하고 있다. 이는 타인의 기준을 핑계 삼아 자기 존재의 주체성을 포기하는 행위이며, 사르트르에게 이것 또한 악이다.

이러한 구조적 자기기만은 개인을 넘어 사회 전체로 확장될 수 있다. 한나 아렌트가 말한 '악의 평범성Banality of Evil'은 사르트르의 철학과 깊은 공명을 이룬다. 나치 전범 아돌프 아이히만은 재판에서 "나는 단지 명령을 따랐을 뿐"이라고 진술했는데, 이는 자신의 행위에 대한 도덕적 책임을 철저히 부인하는 태도다. 사르트르의 관점에서 보면 이는 단지 개인의 문제가 아니라 전체주의 체제 속에서 구조화된 자기기만이다. 수많은 개인들이 자유로운 존재로서의 책임을 포기하고 명령과 규율 속에 안주함으로써 악은 제도화된다.

사르트르가 말한 악의 또 다른 특징은 '나쁜 믿음'이다. 이 개념은 단순한 자책이나 후회와는 다르다. 나쁜 믿음은 자신의 자유를 부정하고, 마치 다른 선택지가 존재하지 않는 것처럼 스스로를 속이는 방식이다. 예컨대 "나는 원래 그런 사람이야!", "그건 우리 문화니까.", "태생적으로 난 그럴 수밖에 없어!"라는 말들은 자신의 행동을 환경, 전통, 기질 등에 환원시키며, 선택의 가능성과 책임을 회피한다. 이처럼 사르트르에게 악이란 타인을 해치는 행동이 아니라 자기 존재를 해체하고 파괴하는 방식, 즉 존재 그 자체에 대한 반역이다.

악의 평범성

사르트르의 관점에서 보면 우리 모두는 잠재적 악인이 될 수 있다. 왜냐하면 우리는 누구나 자유를 회피하고 싶은 유혹 앞에 놓이기 때문이다. 자유는 해방이기도 하지만 동시에 무거운 짐이다. 우리는 끊임없이 선택해야 하고 그 선택의 결과에 대해 책임져야 한다. 그러나 이 책임은 때로 너무 가혹하게 느껴져 인간은 스스로를 자유로운 주체가 아닌 역할이나 상황에 종속된 객체로 바꾸고 싶어 한다.

이러한 유혹은 악한 사람에게만 주어지는 것이 아니다. 오히려 그것은 평범한 사람들의 일상 속에 스며 있다. 상사의 부당한 지시에 순응하거나 익숙한 관습을 따르며 합리화할 때, 우리는 자신의 자유를 은폐하고 책임을 타자에게 떠넘긴다. 바로 이 순간, 인간은 악의 구조 속으로 들어간다. 이러한 악은 분노, 증오, 폭력처럼 외현적이지 않다. 오히려 그것은 관습 속에서, 언어 속에서, 자율적 판단을 유보하는 수동적 자세 속에서 드러난다. 누구나 스스로를 객체화하는 유혹에 빠질 수 있고, 누구나 자기기만 속에 안주할 수 있다. 그렇기에 사르트르의 철학은 어떤 악인을 분리해 비난하려 하지 않는다. 그렇다면 현대 사회에서 사르트르가 말한 악은 어떤 방식으로 현실화되고 있을까?

첫째, 온라인 공간에서의 혐오 표현과 가짜뉴스 유포는 사르트르가 말한 악의 구조가 디지털 환경에서 어떻게 작동하는지를 잘 보여준다. 인터넷이라는 익명성과 비대면성이 보장된 공간은 개인이 자신의 발언에 대해 책임지지 않아도 되는 환경을 조성한다. 이로 인해 사람들은 특정 인종, 성별, 계층, 정치 성향을 향해 혐오를 표출하거나 검증되지 않은 정보를 마치 진실인 양 유포하기도 한다.

그러나 이러한 행위는 단순한 무지나 충동의 문제가 아니다. 그것은 복잡한 현실에 대한 무력감과 불안을 타자에게 전가하려는 시도이며, '나는 그냥 기사에서 본 대로 말했을 뿐이야.', '다들 그렇게 말하잖아.'라는 식의 언설은 자유로운 판단의 주체로서의 자기 존재를 회피하는 자기기만의 언어다. 사르트르가 말했듯, 인간은 결코 단순한 수동적 객체가 아니며, 모든 언행의 의미를 자율적으로 선택하고 구성해야 할 책임이 있다.

이러한 자기기만은 도덕적 책임을 외부로 '외주화'하는 방식으로 작동하며, 동시에 사회 문제에 대한 실질적 개입을 회피하는 정당화의 기제가 된다. 복잡한 현실을 사유하고 대응하려는 실존적 용기 대신, 자극적이고 단순한 담론에 편승함으로써 얻는 일시적 해방감은 결국 존재의 본질적 책임을 유예하고 자유를 포기하는 행위다. 그 결과, 인간은 자기 삶의 주체가 아니라 흐름에 따르는 존재로 전락한다.

둘째, 소비주의와 그로 인한 환경 파괴는 현대 사회에서 악이 얼마나 일상적으로, 그리고 무의식적으로 작동하는지를 보여주는 중요한 예다. 우리는 일상적으로 물건을 사고, 에너지를 소비히고, 자원을 사용하는 과정에서 그 선택이 가져오는 사회적 · 환경적 결과를 깊이 성찰하지 않는 경우가 많다. 특히 "나 하나 쯤이야.", "다들 이렇게 사니까."라는 태도는 겉보기에 무해해 보이지만 실존철학의 관점에서는 깊은 자기기만을 내포한 악의 언어이자 나쁜 믿음의 예시다. 이는 자신을 하나의 고정된 역할, 즉 단순한 소비자나 제도 안의 톱니바퀴처럼 간주하며, 자유로운 선택의 주체로서의 자신을 부정하는 태도다. "내가 아니어도 누군가는 이 제품을 살 테니까.", "이건 기업이 해결해야 할 문제지, 내가 할 수 있는 건 없어."라는 생각은 선택과 책임 사이의 고리를 끊는 방식으로 작동한다.

하지만 바로 그 지점에서 우리는 자유를 포기하고 존재의 진정성을 잃는다. 소비라는 행위조차도 선택이며, 그에 따르는 결과에 대해 성찰하고 책임져야 한다. 그렇지 않고 문화, 관습, 사회 분위기 등을 핑계 삼아 무비판적으로 행동하는 순간, 우리는 자신의 자유를 타자에게 외주화하고 존재의 본질적 책임을 회피하게 된다.

이러한 태도는 단지 윤리적 무감각이 아니라 존재 자체를 왜곡하는 실존적 악이다. 그것은 타인을 해치기 이전에, 자신의 자유와 책임을 포기함으로써 자기 존재에 대한 배반을 먼저 저지르는 행위다. 현대 사회가 직면한 기후 위기와 생태 파괴의 문제는 단지 과학적·정책적 문제가 아니다. 그것은 무엇보다도 우리가 스스로에게 묻지 않으려는 질문, "나는 왜 이 선택을 하고 있는가?", "나는 이 선택의 결과에 대해 책임질 준비가 되어 있는가?"를 회피하는 데서 비롯된 실존적 문제다.

셋째, 알고리즘 기반의 정보 소비 역시 실존적 악이 기술적 형태로 현실화된 사례다. 우리는 디지털 기술이 만들어 낸 알고리즘 기반의 정보 환경 속에서 살아간다. 뉴스 피드, 동영상 추천, 쇼핑 목록 등 수많은 정보가 우리의 의지와 무관하게 정렬되고 노출된다. 이때 많은 사람은 이렇게 말한다. "그냥 유튜브가 추천해준 거야.", "알고리즘이 그렇게 보여줘서 본 것뿐이야." 이는 겉으로는 중립적 기술에 대한 묘사처럼 보이지만 실은 자기 선택에 대한 책임을 외부 시스템에 전가하는 자기기만의 표현이다.

인간은 단지 자극에 반응하는 기계가 아니다. 주어진 조건 속에서도 끊임없이 선택하고 해석하며 스스로의 정체성을 만들어가는 주체다. 그러나 알고리즘 환경 속에서 우리는 점차 '내가 선택한 정보'와 '나에게 주어진 정보'를 구별하지 않게 되고, 그 경계가 모호해지는 순간, 선택의 책임도 흐려진다. 이는 기술 자체의 문제라기보다는 기술을 핑계 삼아 책임을 회피하려는 인간의 태도에 내재한 악이다.

더 큰 문제는 정보 편식이 사고의 다양성과 비판적 성찰을 위축시킨다는 점이다. 사르트르가 강조했던 인간의 실존은 무無를 가능케 하는 존재, 즉 기존 질서와 의미를 의심하고 거부할 수 있는 존재다. 그러나 알고리즘은 우리의 관심사와 편견을 강화하는 방식으로 작동하기 때문에 우리는 점점 더 익숙하고 편안한 정보만을 접하게 되고, 낯선 것과 충돌하거나 스스로를 반성할 기회를 잃는다. 이는 곧 인간 존재의 본질인 자유로운 자기 구성 능력을 스스로 포기하게 만든다.

이처럼 알고리즘에 전적으로 의존하는 태도는 중립적 기술사용이 아니라 자기 존재에 대한 방기이며, 실존적 악의 새로운 형태라 할 수 있다. 타인의 시선을 핑계로 자유를 포기하듯, 이제는 알고리즘이라는 비인격적 타자에 기대어 자기 결정의 무게로부터 도망치고 있는 것이다. 결국 우리는 알고리즘을 통해 정보를 소비하는 것이 아니라 스스로를 기술에 소비당하도록 허락하고 있는 셈이다. 이처럼 악은 거대한 악당의 행동이 아니라 작은 무책임의 반복으로부터 탄생한다. 그리고 그 악의 씨앗은 우리가 제대로 인식하지 못한 채 일상적 선택 안에 너무도 자연스럽게 스며들고 있다.

Sartre

Business

4

장

의미를 부여하는 만큼 결과도 달라진다

“당신의 삶은 자신이 거기에 의미를 부여하려고
노력하는, 그 노력에 따라서 꼭 그만큼의 의미를
갖는다.”
_헤르만 헤세

“당신의 삶은 자신이 거기에 의미를 부여하려고
노력하는, 그 노력에 따라서 꼭 그만큼의 의미를
갖는다.”

나는 내가 행한
행위의 총합이다

인간은 홀로 존재할 수 없다. 우리는 언제나 타인과 함께 살고 타인과 함께 일하며 타인과 함께 저항하거나 순응한다. 이처럼 여러 사람이 모이면 자연스럽게 집단이 형성된다. 그러나 사르트르에 따르면 집단은 단순한 사람들의 모임을 넘어 특정한 실존적 전환점을 경험하는 공간이다. 그는 사회철학 저서인 《변증법적 이성 비판》에서 이 전환을 두 개념 —'집합 ensemble '과 '계기 moment '—을 통해 설명한다.

'집합'은 특정한 목표 없이 단지 한자리에 모여 있는 상태를 의미한다. 출근길 지하철 안의 사람들처럼 각자의 목적은 있지만 서로 간의 상호작용은 없는 상태다. 그러나 어떤 계기, 예컨대 전철 사고가 발생해 모두가 함께 탈출해야 하는 상황이 닥치면

사람들은 갑자기 협력하고 소통하며 하나의 집단^{moment group}
으로 전환된다. 이때 집단은 공동의 목적과 의식을 공유하며 자
유의 실현 공간이 된다.

　이런 집단의 탄생은 사르트르가 가장 주목한 실존적 사건 중
하나다. 그는 이 순간을 "주체들의 융합^{fusion}"이라 불렀고, 공동
의 행위를 통해 각자가 자기 존재를 자각하는 계기로 보았다. 혁
명, 저항, 파업 같은 사건은 바로 이런 계기의 집단이 만들어지
는 순간이다. 자발성과 자유, 연대와 목적이 하나로 모이는 순
간, 집단은 억압에 맞서고, 각자는 누구도 나를 대신할 수 없는
존재로서 깨어난다.

　그러나 문제는 여기서 멈추지 않는다. 사르트르는 집단이 지
속되면 반드시 제도화되고 관료화된다고 보았다. 예컨대, 억
압에 저항하고 자유를 쟁취하고자 모인 혁명가들이 정당을 만
든다고 상상해보자. 처음에는 자발성과 열정이 넘치고 구성원
모두가 평등하게 참여하는 계기의 순간이 실현된다. 그러나 시
간이 흐르면 상황은 달라진다. 정당은 점차 규모를 키우고 복잡
한 규칙과 계층 구조를 갖춘 조직이 되어간다.

　이때부터 개인의 자발성은 점차 사라지고 조직의 논리와 명령
체계가 우선시된다. 구성원들은 더 이상 자유로운 주체가 아니
라 시스템 속의 역할과 직책으로 정의된 객체로 변한다. 이때 집
단은 더 이상 자유로운 실천의 공간이 아닌 통제와 관리의 기제
가 되는 것이다. 이처럼 조직은 본래 자유를 위한 수단이었지만,

시간이 지나면서 자유를 억압하는 목적으로 변질될 수 있다.

사르트르는 이러한 관료주의적 퇴행이 단지 특정 조직만의 문제가 아니라고 봤다. 발자크, 모파상, 디킨스, 쿠르틀린, 고골 같은 19세기 작가들 역시 관료제와 조직의 비인간성을 예리하게 비판했듯, 이 문제는 근대 이후 집단과 조직이 처한 보편적 딜레마다. 하지만 사르트르는 집단의 형성과 변화를 단지 비극적 퇴행으로만 보지 않았다. 그는 이것을 자유의 끊임없는 진화 과정, 즉 변증법적 과정으로 이해했다. 다시 말해 자유 → 조직 → 억압 → 저항 → 새로운 자유라는 순환이 지속적으로 반복되는 것이다.

사르트르에게 이 과정은 역사의 동력이며 인간 자유의 실천 방식이었다. 한 번 구성된 집단도 다시 새로운 저항의 대상이 될 수 있고, 그 안에서 또 다른 자유의 순간이 발생할 수 있다. 즉, 집단은 고정된 실체가 아니라 자유와 억압 사이를 끊임없이 왕복하는 실존적 장場이다. 자유롭게 모인 사람들이 만든 조직이 어느 순간 구성원을 억압하게 되면, 또 다른 집단이 그 억압에 저항하여 새로운 공동체를 만든다. 이 과정은 마치 혁명이 끝나면 곧 체제가 되고, 체제는 다시 다음 혁명의 대상이 되는 역사와 닮아 있다.

조직 관료화, 혁신의 사망 선고

이러한 시각은 오늘날 기업의 조직문화에도 뚜렷이 적용된다. 예를 들어, 많은 스타트업은 초기에는 자율성과 수평적 소통을 중시하며 '계기의 집단'으로 출발한다. 그러나 규모가 커지고 투자와 성과 압박이 커지면 점차 위계적 구조와 성과 중심 체계로 돌아서게 된다. 비영리 단체 또한 마찬가지다. 처음에는 이상과 가치를 내세우며 구성원 간의 열정적 연대를 바탕으로 활동하지만, 시간이 지나면 관리자 중심의 체계와 절차적 운영 방식이 고착된다. 이 모든 현상은 자발성과 창의성의 순간이 점차 구조와 규율 속에 포섭되면서 '계기의 집단'이 '제도화된 집합'으로 이행하는 과정을 보여준다.

중요한 것은 이 변화가 단지 우연이나 잘못된 선택의 결과가 아니라 일정 부분 필연적인 과정이라는 사실이다. 사르트르의 말처럼 자유는 언제나 제도화되고, 제도는 또다시 억압으로 전락할 위험을 내포한다. 그러므로 우리가 해야 할 일은 조직의 경직을 단순히 비판하는 데 그치지 않고, 언제, 어떻게 다시 '계기의 순간'을 조직 안에 불러올 것인가를 질문하는 것이다. 자발성은 한 번 사라지면 끝나는 것이 아니라 언제든 다시 살아날 수 있다. 조직은 언제든 다시 살아 숨 쉬는 공동체로 회복될 수 있다.

그러나 기업 조직에서 이러한 순환은 사르트르의 철학처럼 낭

만적인 해석으로만 끝나지 않는다. 현실에서는 관료화가 조직의 안정성을 넘어 구조적 정체와 생명력의 소멸로 이어질 위험을 안고 있다. 효율과 질서라는 명분으로 시작된 관료적 체계는 시간이 지날수록 정보의 비대칭, 의사결정의 경직성, 책임 회피, 변화 저항 같은 병폐를 낳는다. 자율적 사고와 창의적 행동은 억제되고 구성원은 지시와 보고의 고리 속에서 점차 소진된다.

한때 반도체 산업의 절대 강자였던 인텔이 오늘날 심각한 사업적 난항을 겪는 배경에는 복합적인 요인이 있지만, 그중 핵심은 관료주의적 조직문화와 이로 인한 혁신 능력 저하다. 사르트르의 관점에서 보자면, 인텔의 어려움은 단순한 시장 경쟁 문제가 아니라 거대한 조직이 개인의 자유와 실천을 억압하고 혁신 가능성을 질식시키는 비극적 과정의 표본이다.

인텔은 오랜 기간 PC 시장에서 CPU를 독점하며 성공을 누렸으나 이 성공은 역설적으로 인텔을 즉자적 존재로 만들었다. 다시 말해 스스로 완결된 존재로서 변화할 필요가 없다고 믿는 정체 상태에 빠진 것이다. 과거 "편집증 환자만이 살아남는다"는 앤디 그로브의 경영철학은 점차 사라지고 혁신보다 안정과 기존 사업 수익성에 안주하는 문화가 퍼졌다.

이러한 경직화는 여러 문제를 초래했다. 새로운 기술 도전보다는 기존 성공 공식 유지에 집중함으로써, AI 반도체, 모바일 칩, ARM 아키텍처 등 중요한 기술 전환에 적시에 대응하지 못했다. 또한 거대한 조직과 복잡한 계층 구조로 인해 중간 관리직과다와 부서 간 사일로 현상은 혁신 아이디어의 신속한 실행을 방해했다. 반도체 공정 기술에서도 TSMC, 삼성전자에 뒤처지기 시작했다. 막대한 R&D 투자에도 제품 출시 속도와 성능 향상에서 기대에 미치지 못했다.

사르트르의 철학으로 보면, 인텔의 관료주의는 구성원들을 본질적 자유와 실천 가능성에서 멀어지게 했다. 개인은 거대한 조직 시스템 속에서 고정된 역할로 환원되고, '되살아나는 계기'로서 실천적 선택을 할 기회를 잃는다.

이와 더불어 인텔은 과거 수평적 토론 문화가 약화되고, 절차와 지시를 따르는 안정적 행동이 강화되면서 혁신 문화가 크게 위축됐다. 능력 있는 핵심 인재들은 경직된 조직문화와 느린 의사결정에 답답함을 느끼고 이탈하는 현상이 심화됐다. 이는 혁신 동력의 고갈로 직결되었다. 직원들은 객체화되어 조직의 부속품처럼 취급되었으며, 주체적 자율성과 책임감 발휘 대신 주어진 임무 수행에 머물렀다. 결과적으로 직원 동기 저하와 조직 활력 상실로 이어졌다.

인텔의 사례처럼 불확실성과 속도전이 일상화된 현대의 시장 환경에서 관료제적 구조는 기업의 민첩성과 적응력을 결정적으로 저해한다. 철학적으로 보면, 이러한 구조도 언젠가는 저항을 만나 또 다른 자유를 낳을 수 있다. 그러나 현실에서는 그 저항이 일어나지 않는 경우가 훨씬 많다. 기존 시스템은 자기 보존을 위해 변화의 싹을 짓밟고, 그 결과 조직은 혁신의 순환 고리를 멈춘 채 내부 통제만 강화된 '자기복제 기계'로 전락한다.

더욱 심각한 문제는 구성원이 스스로 사고하고 판단할 여지를 상실하게 될 때 나타난다. 위에서 떨어지는 지시에만 반응하는 조직은 학습하지 못하며, 변화에 둔감해지고, 결국 시장의 흐름을 따라가지 못한다. 조직은 점차 생명력을 잃고 고착된다. 이렇게 볼 때, 관료제는 철학적 자유의 진화를 멈추게 하는 조직의 역동성 종결 지점이 될 수 있다.

조직의 관료화 : 사르트르적 해법

그렇다면 사르트르는 조직의 관료화에 따른 병폐를 해소하기 위해 무엇을 어떻게 제시했는가? 사르트르는 조직의 관료화가 단순히 효율성이나 관리 방식의 문제를 넘어선 인간 실존의 왜곡으로 이어지는 심각한 병폐라고 보았다. 관료적 구조는 인간을 고정된 역할과 기능으로 환원시키고 자유로운 실천과 자각의 가능성을 차단한다. 그렇기에 그는 제도나 규칙의 개혁만으로는 이 문제를 해결할 수 없다고 보았다. 사르트르가 제시한 해법은 어디까지나 실존적 관점에서 인간이 스스로 다시 '자유'를 재구성하는 방식에 초점이 맞춰져 있다. 그는 다음의 세 가지 방향을 강조한다.

첫째, 사르트르는 조직의 관료화가 아무리 필연적으로 보인다

해도 그 속에서 계기의 순간을 재창출할 수 있는 실천적 여지는 항상 존재한다고 역설했다.

　제도의 관성에 완전히 포섭되지 않는 인간의 근원적인 자유, 다시 말해 구성원들이 기존 구조의 당연함을 의심하고 다른 가능성을 모색하는 행동이 바로 그 출발점이다. 그는 "인간은 자유롭게 선택하지 않을 수 없는 존재"라고 보았다. 이는 제도화된 조직 속에서도 구성원들이 다시 질문하고, 저항하며, 공동의 목적을 회복할 수 있는 실존적 계기를 만들어낼 수 있음을 의미한다. 이것은 구조에 대한 일회성 반항이 아니라 지속적인 자각과 능동적인 행위를 통한 조직 내부의 미세한 전환을 뜻한다. 조직의 변화는 바깥에서 강요되는 것이 아니라, 내부 주체들의 자발적이고 책임감 있는 실천으로 시작된다는 점에서 사르트르는 변화를 위한 윤리적 책임을 개개인에게 부여했다.

　미국의 대표적 아웃도어 브랜드 파타고니아는 "우리는 지구를 구하기 위해 존재한다"는 기업 사명을 중심으로 내부에서 끊임없이 자발성과 실천을 촉진하는 문화를 유지해왔다. 2011년 선보인 'Don't Buy This Jacket' 광고 캠페인은 기업의 성장을 넘어 윤리적 실천을 선택하는 상징적 계기였다. 이 캠페인은 매출 감소를 감수하더라도 소비와 환경의 문제를 정면으로 마주하고자 한 조직적 실천이었다. 직원들에게는 자유로운 재택근무, 육아휴직, 환경 보호 활동을 장려하며, 실제로 수많은 직원들이 자율적으로 프로젝트를 기획하고 실행한다. 조직이 관료화될 수 있는 여러 전환점에서 파타고니아는 그때마다 '되살아나는 계기'를 창출하며 자유와 목적의 원천을 지속적으로 갱신해 온 것이다.

둘째, 사르트르는 《변증법적 이성 비판》에서 집단을 단순한 조직 단위로 보지 않고 서로를 인식하고 책임지는 주체들의 네트워크로 상상했다.

다시 말해 집단은 고정된 실체가 아니라 끊임없이 반성하고 갱신되어야 하는 관계 그 자체다. 이를 위해 필요한 것은 단순히 조직을 효율적으로 설계하는 것이 아니라 구성원 간의 상호 인식과 자율성을 존중하는 윤리적 구조를 마련하는 것이다. 사르트르는 이러한 윤리를 긴장의 상태로 이해했다. 집단이 지나치게 결속되면 전체주의로 흐르고, 각자도생으로 흩어지면 자유는 무의미해진다. 따라서 조직은 전체성과 개인성, 규율과 자율, 목적성과 자발성 사이의 긴장을 유지해야 하며, 이 균형은 정태적인 시스템이 아니라 끊임없는 실천과 반성 속에서만 유지될 수 있다.

클라우드 컴퓨팅 서비스를 제공하는 세일즈포스Salesforce 는 단순한 IT 기업을 넘어 '기업 시민'으로서의 정체성을 명확히 자각하고 실천해 온 대표적 기업이다. 이 회사는 다양성, 성소수자 인권, 젠더 평등 등의 이슈에 대해 CEO부터 구성원까지 적극적으로 개입해왔다. 2015년, 인디애나 주의 종교자유법이 성소수자 차별 논란을 일으켰을 때 세일즈포스는 해당 주와의 모든 비즈니스를 중단하고 직원 보호를 선언했다. 이는 단순히 CEO 의 결단이 아니라 구성원들의 문제의식과 요구가 결집된 결과 였다. 즉 회사는 늘 집단의 주체성을 스스로 의심하고 갱신하면 서 내부 긴장을 윤리적 자각으로 전환해 낸 것이다.

마지막으로 사르트르는 조직이 고착되는 것을 막기 위해 역사 적 의식, 다시 말해 시간 속에서 변화하고 진화하는 실존적 흐름 을 강조했다.

그는 어떤 구조도 절대적인 것이 아니며, 모든 제도는 과거 의 선택과 상황의 산물일 뿐이라고 보았다. 이때 중요한 것은 구성원들이 그 제도의 역사성과 한계를 자각하고 새로운 해석 과 대안을 상상하는 능력이다. 즉 오늘의 제도는 과거의 계기에 서 출발했지만 지금 이 자리에서 다시 다른 계기를 만들어낼 수 있다는 가능성을 조직 내에 지속적으로 환기해야 한다. 이를 통 해 조직은 고정된 구조가 아니라 끊임없이 재해석되고 실천되 는 과정적 실체가 된다.

넷플릭스는 ‘자율과 책임’이라는 원칙 아래 고성과 문화를 만 들어왔지만 동시에 자신의 구조를 절대화하지 않는 유연성을 보여왔다. 창업 초기에는 ‘무제한 휴가’, ‘경비 사용 승인 불필요’ 등과 같이 직원에게 최대한의 자율을 부여하는 정책을 통해 고 성과 문화를 구축했다. 이는 소수의 뛰어난 인재들이 자유롭게 일하며 혁신을 주도하는 데 효과적이었다. 하지만 조직 규모가 커지고 글로벌로 사업이 확장되면서 이러한 정책들이 모든 구성원에게 동일하게 적용되기 어려워지고 일부 부작용**예: 누가 휴가를 너무 많이 쓰는지, 경비 사용의 투명성 부족 등**이 발생하기 시작했다.

　이런 문제가 대두되자 넷플릭스는 자신의 한계를 인정하고 다시 '조직 해체와 재설계'라는 변증법적 사고로 접근했다. 최근에는 일방적인 성과주의에 대한 비판을 수용하고 보다 통제 대신 맥락 공유를 통해 자율적이고 책임감 있는 문화를 더욱 강화하는 방향으로 변화하고 있다. 조직이 스스로의 체제를 부정할 수 있는 역사적 반성력을 유지한다는 점에서 이는 사르트르의 변증법적 논리에 부합하는 사례다.

　사르트르의 이러한 통찰은 조직의 관료화 문제를 단순히 시스템 개선으로 접근하는 것을 넘어 그 근원에 있는 인간의 각성과 주체적인 태도가 조직 변화의 근본적인 출발점이 되어야 한다는 강한 메시지를 담고 있다. 개인이 자신의 업무와 역할에 대해 단순히 주어진 일을 하는 것을 넘어 그것이 조직의 목적과 어떻게 연결되는지 성찰하고, 더 나은 방향을 위해 스스로 실천하며, 끊임없이 자신의 행동을 반성하는 과정이 중요하다. 이러한 개인들의 주체적인 참여와 자기반성이 모여야 비로소 조직 전체의 문화와 방향이 의미 있게 변화할 수 있다는 것이다.

보이지 않는 손,
보이는 위선

최근 몇 년 사이, 우리 사회에 기부 열풍이 거세게 불고 있다. 이는 단순한 선행이나 일회성 이벤트를 넘어 사회 전반의 가치관 변화와 맞물린 구조적 현상으로 나타나고 있다. 사람들은 점점 더 기부를 도움이 아니라 참여의 방식으로 받아들이고 있으며, 이는 통계로도 명확히 드러난다.

국내 주요 자선조사인 기빙코리아Giving Korea 에 따르면, 2018년 조사에서는 연간 기부 경험률이 53.3퍼센트였으나, 2022년 조사에서는 61.2퍼센트로 약 7.9%p 증가했다. 특히 20대와 30대의 기부 참여율이 빠르게 증가하고 있다는 점은 과거에 비해 뚜렷한 변화다. 이는 기부가 더 이상 중장년층이나 고소득층의 전유물이 아님을 보여준다. 또한 국세청에 따르면, 2022년 개인 기부금 총액은 약 10조 7천억 원으로 집계되었으며, 이는 2020년 9조 2천억 원 대비 약 16퍼센트 증가한 역대 최대치다.[10] 과거 대기업 중심, 고액 기부자 위주의 구조에서 벗어나 일반 시민들의 소액 다수 참여가 전체 기부 문화를 견인하고 있는 것이다.

기부가 일상 속에서 더욱 자연스럽게 자리 잡은 배경에는 디지털 기술과 플랫폼의 성장이 있다. 네이버 해피빈, 카카오 같이가치, 크라우드 펀딩 사이트 등은 기부를 클릭 한 번으로 가능하게 만들며 진입 장벽을 획기적으로 낮췄다. 특히 해피빈의 경우 2025년 기준 누적 기부 참여자는 약 1,200만 명이며, 누적 기부금 총액은 3,000억 원 이상을 기록했다.

이처럼 플랫폼 기반 기부는 지속적이고 자발적인 참여를 유도하며 사용자의 관심사에 따라 기부 대상을 선택할 수 있어 더욱 개인화된 기부 경험을 제공한다. 이제 기부는 더 이상 특별한 날이나 큰돈이 필요한 일이 아니다. 커피 한 잔 값으로도 충분히 누군가의 삶에 긍정적인 영향을 줄 수 있는, 일상적인 선택이 된 것이다.

이러한 기부의 일상화는 기부 주체의 다양화로도 이어지고 있다. 과거에는 기부가 경제적으로 여유 있는 일부 계층의 몫이라는 인식이 강했지만 지금은 이른바 '소액 기부 천사들'로 불리는 보통 사람들의 선의가 사회를 움직이고 있다. 기부는 이제 더 이상 특정 계층의 고상한 책임이 아니라, 모두가 함께 실천하는 생활 문화로 바뀌고 있다.

특히 일부 젊은 층에서는 기부가 일종의 라이프스타일로 자리 잡은 모습이다. '즐거움fun'과 '기부donation'의 합성어인 퍼네이션Funation이라는 개념은 기부를 의무나 부담이 아니라 즐거운 선택과 자율적 참여로 인식하는 요즘 세대의 태도를 잘 보여준다. 온라인 게임 아이템 수익을 기부하거나 SNS 챌린지를 통해 기부 문화를 확산시키는 방식은 과거와는 전혀 다른 접근이다. 기부는 이제 즐거움과 결합된 하나의 문화 코드가 되었다.

뿐만 아니라 자신이 가진 능력과 시간을 기부하는 재능 기부도 꾸준히 확산되고 있다. 번역, 디자인, 영상 제작, 상담, 코딩, 강연 등 다양한 분야에서 개인의 전문성과 역량이 사회를 위한 자산으로 활용되고 있다. 이는 기부의 방식이 단순한 금전적 후원을 넘어서고 있음을 의미하며, 물질이 아니라 자기 자신을 내어주는 방식의 연대로 확장되고 있는 것이다.

한편, 소셜 임팩트 소비문화, 다시 말해 윤리적 소비와 기부가 결합된 형태 역시 젊은 세대를 중심으로 확산되고 있다. 예컨대 '미닝아웃Meaning-out' 소비는 소비자가 자신의 가치와 신념을 표현하기 위해 ESG 경영을 실천하는 기업 제품을 선택하는 한 방식이다. 실제로 MZ세대의 약 65퍼센트가 "가격이 더 비싸더라도 ESG를 실천하는 기업 제품을 구매할 용의가 있다"고 응답했으며, 83.5퍼센트는 가치소비 경험이 있다고 밝혔다.[11] 이처럼 기부는 주머니에서 돈을 꺼내는 행위를 넘어, 나의 소비와 삶을 통해 사회와 연결되는 하나의 태도로 자리 잡고 있다.

기부는 모두 좋은 것일까?

　기부는 일반적으로 선한 행위, 바람직한 사회적 실천으로 간주된다. 길거리 모금함에 동전을 넣거나 온라인을 통해 정기 후원을 설정하고, 윤리적 소비로 불리는 상품을 구매하는 일련의 행위들은 대부분 고민 없이 좋은 일로 받아들여진다. 기부는 사람들에게 도덕적 만족감을 제공하고, 사회적 연대감을 환기시키며, 공동체 의식을 강화하는 기능을 한다는 점에서 긍정적인 평가를 받는다. 그러나 이런 통념은 하나의 중요한 질문 앞에서 흔들린다. "기부란 과연 모두 좋은 것인가?" 이 질문은 단순히 도덕적 가치 판단을 넘어 우리가 그동안 무비판적으로 받아들였던 기부 행위의 구조적·정치적 의미를 재조명하게 만든다.

　타인의 고통을 덜어주고 사회적 약자를 돕고자 하는 마음에서 비롯된 기부는 분명 귀한 일이지만 선의로 시작된 행위가 반드시 좋은 결과로 이어지는 것은 아니다. 특히 국제개발 분야에서 이는 의존성 문제로 나타나곤 한다. 선진국에서 아프리카 등 개발도상국으로 보내는 물품 기부는 종종 단기적인 도움이 될 수 있지만, 현지 생산자와 시장을 붕괴시키고 자립 기반을 약화하며, 장기적 의존성 심화시키는 부작용을 낳을 수 있다.

　이러한 문제는 코로나19 팬데믹 시기에도 나타났다. '덕분에 챌린지'는 코로나19의 창궐 이후 대한민국 의료진의 헌신과 노고를 기리는 마음에서 시작된 캠페인이다. 대통령과 국무총리,

지자체, 금메달리스트, 가수, CEO, 기업단체, 대한민국 대표 셀럽들이 참가하면서 대국민 캠페인으로 자리매김했다. 하지만 일부 대기업들은 현수막만 걸어두거나 SNS에 노출하는 형식적인 참여에 그치고 실질적인 기부나 사회 공헌 활동을 하지 않았다.

이러한 행태를 환경 분야에서 자주 지적되는 '그린워싱 Greenwashing'이라고 한다. 이 개념은 기업이 실제로는 환경 보호 노력이 미흡하거나 오히려 환경에 부정적인 영향을 미치면서도 친환경적인 이미지를 내세워 소비자를 현혹하는 기만적인 마케팅 전략이다. 이와 유사하게 사회적 책임에 대한 이미지 개선을 위해 형식적으로 참여하는 행위를 '소셜워싱 Socialwashing' 또는 '자선워싱 Charitywashing'이라고 한다. 이는 기부가 공공선을 위한 실천이 아니라, 비판 회피나 브랜드 이미지 제고를 위한 전략적 자산으로 전락할 수 있음을 보여준다.

또한, 기부는 순수한 선행일 수 있지만 동시에 권력의 재생산 도구가 되기도 한다. 고액 기부자, 대기업, 재단은 기부를 통해 도덕적 정당성을 확보하거나 이미지 개선, 브랜드 가치 상승, 정치적 영향력 확대 등의 실질적 이득을 취한다. 이런 맥락에서 기부는 때때로 도덕적 면죄부의 수단이 된다. 예컨대, 노동 착취 문제로 비판받던 글로벌 기업이 환경 보호나 인권 재단에 거액을 기부함으로써 부정적 이미지를 상쇄하고, ESG 지표에서 긍정적 평가를 받는 방식이다. 이 과정에서 우리는 기부가 공공선을 위한 것이 아니라 전략적 도구로 활용되고 있다는 점을 직시해야 한다.

한편, 기부는 주는 자와 받는 자 사이의 위계를 강화할 수 있다. 기부 행위 자체가 비대칭적 권력관계를 암묵적으로 전제하며, 자선 대상자는 능동적 주체가 아닌 수혜자 혹은 피보호자로 위치 지어진다. 이는 사회적 존엄성을 저해하고 진정한 의미의 연대를 어렵게 만든다.

앞서 언급한 퍼네이션이나 소셜 임팩트 소비는 일상 속 기부를 활성화하는 긍정적인 역할을 한다. 그러나 이 흐름은 동시에 '소비만으로 세상을 바꿀 수 있다'는 착각을 불러일으킬 위험이 있다. 이는 착한 소비를 했다는 도덕적 만족감에 안주하면서 불평등을 초래한 경제 시스템, 노동 조건, 자원 분배 방식에 대해 질문하는 것을 멈춰버릴 가능성도 있다. 기부가 소비와 엔터테인먼트의 영역으로 축소될 때, 그것은 문제 해결의 실질적 동력이 되기보다는 면책의 제스처가 될 수 있다.

기부의 진정성은 종종 동기에서 평가된다. 어떤 이는 말한다. "과시적 동기라도 좋은 결과를 낳는다면 유의미한가?" 하지만 이 질문에 대한 답은 그렇게 간단하지 않다. 이 문제에 대해 철학자 피터 싱어는 동기의 순수성보다 실질적 결과에 주목한다. 그는 '효과적 이타주의 Effective Altruism'의 관점에서 가능한 한 많은 고통을 줄이고 생명을 구할 수 있다면 기부자의 동기가 완전히 순수하지 않아도 괜찮다고 본다. 그러나 이런 접근이 기부의 정당성만 강조하고, 그 기부가 어떤 권력과 맥락 속에서 작동하는지를 간과하게 되면 또 다른 도덕적 무감각으로 이어질 수 있다. 즉, 좋은 결과만으로 모든 수단이 정당화될 수는 없다. 기부는 효과와 더불어 윤리적, 구조적 책임성도 함께 점검되어야 한다.

결론적으로 기부는 그 자체로 완성된 선이 아니다. 그것은 어떤 방식으로, 어떤 문맥 속에서, 어떤 구조를 통해 실행되는가에 따라 달라진다. 선의는 필요조건이지만 충분조건이 아니다. 기부를 단순히 착한 일이라는 윤리적 자동반응에서 벗어나 정치적 실천, 구조적 통찰, 책임 있는 관계 맺기의 출발점으로 다시 바라볼 때, 비로소 우리는 더 나은 기부, 더 나은 사회적 개입을 설계할 수 있을 것이다.

기부의 독성

그렇다면 사르트르는 기부 행위를 어떻게 해석했을까? 사르트르에게 있어 기부는 단순한 자선 행위나 도덕적 권고가 아니다. 그것은 존재의 조건, 특히 타자와의 관계 속에서 드러나는 실존의 방식이다. 《존재와 무》에서 그는 인간 존재를 타자에 의해 바라보이는 존재, 다시 말해 타자의 시선 속에서 객체화되는 존재로 설명했다. 이 관점에서 기부란 타자를 향한 적극적 선택임과 동시에, 그 선택이 어떻게 자기 존재를 규정하는가를 묻는 철학적 행위로 여겨진다.

하지만 사르트르는 이러한 기부 행위가 언제나 순수하거나 긍정적이지 않다고 봤다. 오히려 그는 기부 속에 내재된 도덕적 위계와 감정의 비대칭성, 즉 기부자의 우월감과 수혜자의 의무감을 날카롭게 인식했다. 그는 기부를 통해 타인을 도우면서도, 동시에 타인을 규정짓고 지배하는 구조가 작동할 수 있다고 보았다.

기부는 그 자체로는 선한 행위처럼 보이지만 실존적 관점에서 보면 기부가 생성하는 위계 구조는 그리 단순하지 않다. 기부자는 주는 사람, 수혜자는 받는 사람이라는 관계는 자연스럽게 권력의 비대칭을 낳는다. 주는 자는 도덕적으로 우위에 서게 되며, 받는 자는 그 선행에 대해 은연중에 감사하거나 보답해야 한다는 부담을 안게 된다. 이는 사르트르가 말한 타자의 시선 속에 객체화되는 경험과도 맞닿아 있다.

다시 말해 기부자는 '나는 좋은 사람이다'라는 자아 이미지를 타자의 필요를 통해 실현하며, 수혜자는 '나는 도움을 받는 존재'라는 자기 인식 속에 갇히게 된다. 이 과정에서 타자는 도구화되며, 기부자의 자유는 확장되지만, 수혜자의 자유는 오히려 제약된다. 이처럼 기부 행위에는 숨겨진 권력과 감정의 독성이 배어 있을 수 있다.

이러한 기부의 독성에 대한 인식은 사르트르가 '익명의 기부'

를 옹호하는 이론적 근거로 이어진다. 그는 어떤 인터뷰와 자서
전적 언급에서 기부란 "나 자신조차도 인식하지 못하는 사이에
이뤄질 수 있다"고 주장했다. 이것은 단순히 겸손의 미덕을 말하
는 것이 아니라 실존적 자유와 타자에 대한 존중이라는 철학적
맥락에서 해석해야 한다.

익명의 기부는 기부자 자신이 '나는 좋은 사람이다.'라는 도덕
적 자기표현을 배제하고, 수혜자 역시 '나는 받는 사람'이라는
자기 낙인을 피할 수 있게 만든다. 이러한 조건은 사르트르의 유
고《도덕을 위한 노트》등에서 주장한 '자유의 윤리'와 깊이 연결
된다. 그는 자유가 타인의 자유를 파괴하지 않는 조건에서만 정
당화될 수 있다고 보았다. 익명성은 바로 이 자유의 대칭성을 회
복하려는 시도이다.

사르트르는 비교적 말년에 내놓은 자서전《말》에서 "나는 기
부자이자 동시에 기부의 대상이다."라고 쓴 바 있다. 이는 존재
론적으로 매우 중요한 전환을 암시한다. 인간은 고립된 주체가
아니라 끊임없이 타자와 관계를 맺는 존재이며, 주는 자와 받는
자는 고정된 역할이 아니라 교차하는 위치라는 것이다. 실존은
관계적이며, 따라서 어떤 순간에는 내가 타자를 돕고, 또 어떤
순간에는 내가 타자에게 의존하는 존재가 된다.

이러한 인식은 기부를 나에서 너로의 일방적 흐름이 아니라,
존재 간 상호의존성과 책임의 구조 속에서 이해해야 할 실존적
행위로 바꾼다. 실존주의는 인간을 독립적이고 자율적인 존재

로 보되, 타인과의 관계에서 끊임없이 자기 자신을 새롭게 구성해 나가는 존재로 이해한다. 따라서 기부란 타자의 필요에 대한 응답이면서 동시에 자신의 존재 방식을 선택하는 자기성찰의 장이기도 하다.

오늘날의 기부 행위는 더 이상 단순한 자선이나 선의의 실천으로 보기 어렵다. 특히 기업과 공공 인물들이 수행하는 기부는 자주 미디어 이벤트로 연출되며, 마치 정해진 각본을 따르는 퍼포먼스처럼 소비된다. 이때 기부는 그 자체로 목적이라기보다 자신의 도덕성을 대중 앞에 보여주기 위한 수단으로 기능한다. 사르트르적 관점에서 본다면, 이러한 기부는 자유로운 실존의 표현이 아니라 사회가 기대하는 역할에 자발적으로 자신을 가두는 연기에 가깝다. 다시 말해 그들은 자유의 주체라기보다 사회적 시선에 순응하여 자신을 특정 이미지로 고정시키는 객체가 되어버린다.

사르트르는 불성실을 단지 도덕적 나태나 기만으로 보지 않았다. 오히려 그것은 자기 존재의 진실을 회피하려는 근원적 태도, 다시 말해 자신이 자유롭고 책임 있는 존재라는 사실을 받아들이는 대신, 마치 외부 환경이나 정해진 역할에 의해 행동이 결정된 것처럼 꾸미는 자기기만을 뜻한다. 오늘날의 기업 기부, 혹은 명사들의 자선 활동은 종종 '나는 착한 사람이다.', '우리 회사는 사회적 기업이다.'라는 이미지 구축을 위해 기획된다. 이는 윤리적 행위라기보다 도덕적 정체성을 각본처럼 착용하는 역할

연기에 가깝다.

사르트르에게 인간은 본질 없이 태어나 스스로의 행위로 자신의 본질을 구성하는 존재다. 그러나 불성실한 기부는 자신의 행위에 따라 본질이 결정되는 것이 아니라 특정한 좋은 사람의 이미지를 유지하기 위해 행위를 선택하는 순서를 거꾸로 만든다. 이때 기부는 자유의 행위라기보다 자기 정당화를 위한 수단으로 퇴행하며, 기부자 자신은 도덕적 타자성에 대한 응답이 아닌, 자신의 이미지를 위한 타자를 도구화한다.

더불어 이와 같은 기부는 자주 구조적 불의를 은폐하거나 유지하는 방식으로 기능한다. 기업의 기부는 종종 그들이 만든 착취 구조를 일시적이고 국지적으로 보상하려는 시도로 변질된다. 이는 체계를 바꾸기보다는 체계의 피해를 잠시 완화시켜주는 방식이며, 근본적 책임 회피의 정교한 형식이다. 사르트르가 말한 자유의 윤리는 자신이 만든 세계에 책임지는 태도를 전제로 한다. 그러나 오늘날의 기부는 그 책임을 분산시키고, 타자에 대한 윤리적 응답을 이미지 관리의 한 요소로 환원시킴으로써 자유의 본질을 흐린다.

기부는 실존적 행위가 될 수 있다. 그것은 타자의 고통에 응답하는 동시에, 자신이 어떤 존재로 살 것인가를 선택하는 자율적 결정이기 때문이다. 그러나 이 행위가 사회적 승인이나 자기 위안, 도덕적 우월감을 얻기 위한 연출로 전락할 때, 그것은 실존의 왜곡이자 타자의 객체화로 귀결된다. 사르트르에게 있어 진정한 윤리는 타자를 자유로운 주체로 대하고 그들의 자유를 확장하는 방식으로 자신의 자유를 행사하는 것이다. 그런 의미에서 오늘날의 기부는 그 자체가 문제가 아니라 기부를 수행하는 방식과 그 기저에 흐르는 의도, 관계의 구조가 끊임없이 되묻고 성찰해야 할 철학적 과제가 된다.

확신에
저항하라

사르트르는 언제나 뭔가를 불편하게 바라보는 사람이었다. 그는 사물의 이면을 들춰보려 했고 말의 뒤를 의심했으며, 자신조차도 끝까지 신뢰하지 않았다. 사르트르에게 호기심이란 단지 무엇을 앎의 욕망이니라 세계가 익숙해지는 순간 오히려 불안을 느끼는 감각이었다. 그는 안도하려는 본능을 거부했고, 안정된 질서에 대한 불신을 바탕으로 모든 것에 다시 질문을 던졌다. 그것은 단순히 뭔가를 '더 알고 싶다'는 욕구라기보다 이미 알고 있다고 여긴 것을 해체하고 낯설게 보려는 태도였다. 그렇게 그는 삶 전체를 하나의 긴 질문으로 만들었다.

그의 호기심을 촉발하는 시작은 책이었다. 사르트르는 자서전 《말》에서 "나는 말 속에서 자랐고, 말 속에 갇혔으며, 말로부터 나를 구출해야 했다"고 회고했다. 어릴 적 외조부의 서재는 그의 유일한 놀이터였고 문학과 철학은 그에게 경이로움이자 현실을 견디게 해주는 피난처였다. 그에게 독서는 단순히 정보를 흡수하는 행위가 아니었다. 그것은 그에게 현실보다 더 생생한 세계였고 동시에 자아를 구성하는 장치였다. 그는 문학 속 인물과 자신을 교차시키며 삶을 이해하는 연습을 반복했다. 그리고 이 문장과 문장 사이에서 세계는 늘 다시 쓰이고, 인간은 늘 다른 모습으로 등장했다. 그의 사유는 바로 이 무한한 텍스트와의 대화 속에서 성장했다.

그러나 사르트르는 독서의 세계에만 머물지 않았다. 그는 살아보지 않은 철학을 경멸했다. 책에서 배운 질문은 거리로, 카페로, 인간관계, 정치세계로 흘러갔다. 그에게는 어떤 일상적인 행위도 곧바로 존재론적 질문이 되었다. 그는 '기다림'이라는 평범한 행동도 "그 사람이 없다는 사실을 나는 어떻게 느끼고 경험하는가?"라는 질문으로 바꾸어 생각했다. '존재하지 않음'이라는 추상적인 개념을 실제로 느끼고 경험하는 실존적인 감각으로 끌어올린 것이다. 다시 말해 일상에서 누군가가 없다는 단순한 상황조차도 깊이 철학적으로 바라보았다.

이처럼 사르트르의 호기심은 삶을 해체하는 렌즈와 같다. 사물은 단지 거기 '있는 것'이 아니라, '왜 지금 여기에, 이 방식으로 존재하는가?'를 묻는 문제의식으로 다가왔다. 세계를 익숙하게 받아들이는 순간, 생각은 멈추고, 인간은 동물로 퇴행한다고 그는 믿었다. 그래서 그는 모든 것에 익숙해지지 않으려 애썼다. 익숙함에 대한 저항이, 그의 철학적 열정을 끝없이 자극한 것이다.

무엇보다 인상적인 점은 사르트르가 이 모든 호기심을 스스로를 향한 불신과 결합시켰다는 점이다. 그는 결코 자신을 완성된 존재로 간주하지 않았다. 인간은 이미 어떤 존재가 되어 있는 것이 아니라 끊임없이 되려고 하는 존재라는 그의 주장은 곧 자기부정의 철학으로 이어졌다. 그는 한때 실존주의를 대표하는 인물이었으나, 곧 실존주의를 넘어서려 했고, 마르크스주의를 열렬히 수용하면서도 그 내부의 독단성을 비판했다. 심지어 자신이 쓴 책에 대해서도 "다시 쓰여야 한다"고 말하는 습관이 있었다.

그의 자기 의심은 피아노 연주에서도 드러났다. 그는 악보를 성실히 따르지 않았다. 음 하나하나에 공들이지도 않고, 때로는 음표를 건너뛰거나 리듬을 흔들며 뻣뻣한 자세로 연주했다. 하지만 이는 미숙함이나 실수가 아니라 규범에 예속되지 않고 주체적으로 존재하려는 실존의 몸짓이었다. 그는 연주하지 않음으로써 연주했다. 악보라는 질서 바깥에서 자신만의 시간성과 육체성으로 음악을 만들었다. 이처럼 피아노는 철학적 실천의 일부이며 규범에 예속되지 않는 자유의 선언이었던 것이다.

사르트르에게 사유란 결론을 내리는 일이 아니라 끝없이 자신을 다시 생각하는 과정이었다. 어떤 이론도, 어떤 사상도, 어떤 자아도 최종적일 수 없다는 그의 태도는 그를 철학의 유목민으로 만들었고, 그러한 여정 속에서 그의 호기심은 결코 마르지 않았다.

사르트르의 삶을 관통하는 것은 일관된 이념이나 확고한 이론이 아니라 일관된 질문의 자세였다. 그는 세계도 언어도 믿지 않았다. 그러나 바로 그 불신이 그로 하여금 더 깊이 보고, 더 넓게 느끼고, 더 정직하게 사유하게 만들었다. 평소 그가 자주 던진 질문은 다음과 같다.

"나는 왜 이것을 당연하게 느끼는가?", "이 감정은 나의 것인가, 주어진 것인가?", "나는 지금 선택하고 있는가, 아니면 흘러가고 있는가?", "이 언어는 누구의 입에서 비롯된 것인가?", "지금 이 사물은 왜 여기에 존재하는가?", "내가 느끼는 자유는 타인의 시선 속에서도 유효한가?"

이러한 질문들은 단지 철학적 추론이 아니라 일상을 다시 살아보려는 해체의 시도이자 존재론적 감각의 훈련이었다.

결국 사르트르는 무지에서 출발했으나 무지에 머무르지 않았다. 끊임없이 세계에 개입하고, 언어를 다듬고, 자신을 해체하며 다시 질문했다. 호기심은 그에게 있어 지식의 문을 여는 열쇠를 넘어 존재의 경계를 넘나들게 하는 사유의 불꽃이었다. 사르트르에게 철학이란 진리를 찾는 것이 아니라 진리를 묻는 태도를 견디는 일이었다. 그리고 바로 그 태도야말로 사르트르가 끝까지 지켜낸 가장 철학적인 호기심이었다.

호기심의 침묵화

안타깝게도 사르트르가 지향한 철학적인 호기심은 오늘날 우리의 삶 속에서 점점 자리를 잃고 있다. 겉으로는 '정보의 시대', '지식 기반 사회'라 불리지만 정작 근본적인 질문을 던지는 태도, 낯선 것에 매혹되고 파고드는 호기심은 점점 주변부로 밀려나고 있다.

오늘날 호기심은 더 이상 삶을 구성하는 중심 감각이 아니다. 오히려 질문보다 정답을 빠르게 말하는 능력이 중시되고, 사유의 깊이보다 요약력과 처리 속도가 더 높은 평가를 받는다. 교육 현장에서도 학생들은 "왜?"라는 질문을 던지기보다 맞는 답을 찾는 데 집중하게 되고, 이는 곧 창의성과 자율성, 내적 동기의 위축으로 이어진다. 이러한 경향은 학생들이 점차 질문을 두려워하고 틀릴까봐 침묵하게 되는 '호기심의 침묵화 curiosity silencing' 현상으로 나타난다.

여기에 더해 최근 몇 년간 AI의 급격한 확산은 인간의 호기심이 처한 위기를 더욱 심화시키고 있다. AI는 언제든지 빠르고 정교한 답을 제공할 수 있고 복잡한 개념도 즉석에서 요약해준다. 그 결과 우리는 점점 답을 스스로 찾아가는 과정의 불편함과 느림의 미학을 회피하게 된다.

MIT의 사회학자 샤리 터클 교수는 이를 '사고의 외주화 thinking outsourced'라고 표현하며, AI의 편리함이 인간의 사유 능력과 내면의 질문 근육을 퇴화시킬 수 있다고 경고했다. 정보에 대한 갈증은 해소되었지만 그 과정에서 왜 알고 싶은지, 무엇을 진짜로 알고 있는지에 대한 성찰은 희미해진다. 사르트르에게 철학이란 단지 지식을 축적하는 행위가 아니라 이미 알고 있다고 여긴 세계를 다시 낯설게 보는 감각이었다. 그러나 오늘날 우리는 이미 너무 많은 것을 안다고 착각하며 더 이상 질문하지 않는 것이다.

더 큰 문제는 호기심의 쇠퇴가 개인의 사고 능력만이 아니라 조직의 조직문화까지 위협한다는 점이다. 질문하지 않는 조직은 권위에 도전하지 않고 잘못된 전제를 검토하지 않으며 변화에 둔감해진다. 신입 직원이 "왜 이렇게 하나요?"라고 물으면, "원래 다 그렇게 해왔어!"라는 말로 되돌아오는 조직에서는 창의성이나 혁신이 자랄 수 없다. 질문이 사라진 자리엔 관성, 침묵, 불투명한 의사결정 과정이 자리 잡는다. 사르트르가 말한 것처럼 세계를 당연하게 받아들이는 순간 사유는 멈추고 인간은 자동화된 행동 패턴에 갇히게 된다.

많은 리더들이 호기심의 중요성을 인식하고 있음에도 실제로는 조직 내 현장에서 호기심을 직접 언급하거나 장려하는 것을 꺼린다. 다양한 업계에 종사하는 3,000명 이상의 직원을 대상으로 설문조사 한 결과 약 24퍼센트만이 정기적으로 자신의 업무에 대해 호기심을 느낀다고 답했고, 약 70퍼센트는 직장에서 더 많은 질문과 호기심을 발현하는데 상당한 어려움을 겪고 있는 것으로 나타났다.[12] 실제 픽사, 3M, 페이스북, 구글, 넷플릭스를 포함한 몇몇 기업들은 직원들에게 자신의 업무시간에서 호기심을 실현할 수 있는 자유로운 시간을 주지만 이는 일반 기업에는 드물다.

그 첫 번째 이유는 효율성에 방해가 된다고 생각하기 때문이다.

1900년대 초 헨리 포드는 대중을 위한 자동차를 만들기 위해 생산비용을 줄이는 한 가지 목표에 모든 노력을 집중했다. 1908년 그는 모델 T의 도입으로 이러한 목표를 실현했다. 이후 수요가 늘어나 1921년까지 회사는 미국 전체 승용차의 56퍼센트를 생산했는데, 이는 주로 회사의 효율성 중심 업무 모델에 의해 가능해진 놀라운 성공이었다. 하지만 1920년대 후반, 미국 경제가 새로운 수준으로 올라감에 따라 소비자들은 더 다양성 모델을 갖기를 원했다. 포드가 T 모델 개선에 집착하는 동안, 제너럴 모터스와 같은 경쟁자들은 다양한 모델을 생산하기 시작했고 곧 시장의 주요 부분을 장악했다. 결국 포드는 생산비용 효율성에 대한 일방적인 집중으로 실험과 혁신을 중단하고 경쟁사에 뒤처질 수밖에 없었다.

둘째는 직원들이 호기심을 좇는 것은 비용이 많이 들고 조직이 혼란으로 이어질 것이라고 생각한다.

국내 CEO 및 HR 임원들을 대상으로 설문조사 한 결과 사람들이 자신의 관심사를 탐구하도록 허용한다면 회사 경영이 더 어려워질 것이라고 생각하기 때문에 호기심 조장을 피한다는 사실을 발견했다. 또한 그들은 의견 차이가 발생하고 의사결정과 실행이 느려져 사업을 수행하는 데 드는 비용이 증가할 것이라고 생각한다. 실제로 조직 내 많은 사람들은 창의성을 목표로 열거하지만 창의적인 아이디어를 실제로 제시받았을 때 거부하는 경향이 강했다. 그도 그럴 것이 호기심을 좇는 일이 단기성과를 달성하는데 장애가 되기 때문이다.

최근 여러 회사에서 일하기 시작한 250명을 대상으로 호기심을 측정하기 위한 질문을 했고, 6개월 간의 추적조사를 실시했다. 초반에는 호기심 수준은 다양했지만, 6개월 후에는 모든 사람들의 호기심이 평균 20퍼센트 이상 감소했다. 사람들은 일을 빨리 끝내야 한다는 압박감에 시달렸기 때문에 일의 의미나 과정에 대해 질문할 시간이 거의 없었다.

셋째, 회사에서 호기심을 얘기하지 않는 것은 호기심은 조직 역량이 아닌 개인 역량으로 개인이 가진 특질이라고 생각하기 때문이다.

뉴스 검색 엔진인 넥시스에 검색해보니 2010년엔 '혁신'이라는 단어는 하루 660번, '창조'는 550번으로 증가했다. 이에 반해 '호기심'이란 단어는 2000년이나 2010년이나 160번 정도 나오는 데 그쳤다. 혁신과 창조에 대한 관심은 높아졌는데, 사람들은 호기심에 대해선 전혀 얘기하지 않는다.[13] 구글 트렌드에서 최근 5년간 전 세계를 대상으로 혁신과 호기심이란 단어를 비교해

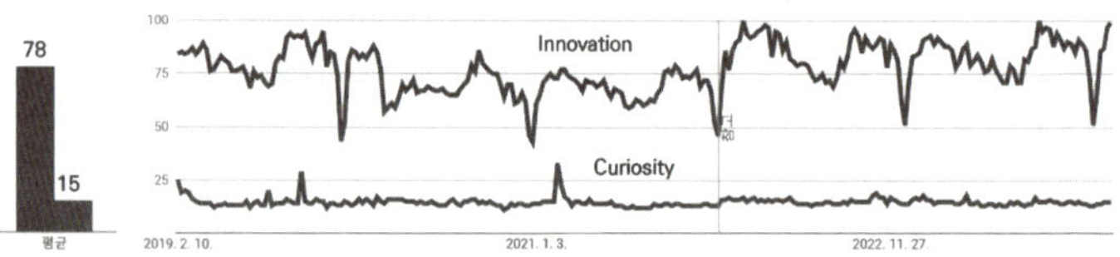

구글 트렌드 '혁신'과 '호기심' 키워드 분석결과

본 결과 혁신은 평균 78번, 호기심은 평균 15번으로 넥시스 조사와 동일한 패턴을 보였다.

단편적으로 국내 도서 목록에 '호기심'을 검색해 보면 죄다 어린이 도서밖에 없다. 아이들의 뇌는 새로움을 찾고 주변 환경으로부터 배우도록 연결되어 있기 때문에 자연스럽게 호기심을 갖게 된다. 아이들은 성장하고 발달하면서 끊임없이 이어지는 새로운 경험들을 접하게 되고, 그들의 뇌는 자연스럽게 정보를 처리하고, 조직하고, 종합하는 데 능숙해진다. 대조적으로 성인은 확립된 지식과 경험에 의존하는 경향이 강하다. 이 때문의 뇌가소성 neuroplasticity 과 적응력은 상대적으로 떨어지게 된다. 그러나 이것이 성인들의 호기심을 발달시키거나 유지할 수 없다는 것을 의미하지 않는다. 새로운 언어를 배우거나, 악기를 연주하거나, 다양한 분야의 책을 읽으면 신경 가소성을 자극하여 얼마든지 호기심을 발달·유지시킬 수 있다.

호기심 언어

　　호기심은 창조적인 조직문화를 만들기 위한 근원적 도구다. 또한 끊임없는 기술 발전과 점점 더 복잡한 경영환경에서 다양한 팀을 이끌어야 하는 매우 효과적인 도구이기도 하다. 우리는 호기심을 개인적 특질이라는 인식에서 벗어나 더 깊은 호기심을 발현할 수 있는 환경을 조성해야 한다. 대화가 깊은 호기심 수면 아래로 내려갈 때, 업무 관계를 강화하고, 리더로서 자신에 대한 이해를 증진시키고 갈등이나 불안 심리를 탐색하는 데 실질적인 도움이 된다. 그럼 호기심이 충만한 조직문화를 의도적으로 조성할 수 있는 '호기심 언어'에 대해서 살펴보자.

"잘 모르겠어요."

　　수많은 리더들은 "잘 모르겠어요."라는 말을 거의 하지 않는다. 자신이 덜 유능하다고 비춰질까봐 두렵기 때문이다. 하지만 지적 겸손이 높은 리더는 오히려 "잘 모르겠어요."라는 말을 자주 사용함으로써 그 사람이 더 유능하게 보이고, 더 공동체적이고 친근하며, 더 긍정적인 관점에서 바라본다. 이것은 팀원들이 리더와 함께 일하기를 선호하는 특징으로써 상호간 신뢰를 구축하는 핵심 요소다. 또한 이 말을 하는 것은 당신이 모든 답을 가지고 있는 것에 대해 오만하지 않으며, 다른 사람들의 아이디어에 열려 있다는 것을 의미한다. 지적 겸손을 실천하는 것은 직장에서의 불안감을 줄일 수도 있다. 긍정심리학 연구에 의하면 지적 겸손이 불안감과 부정적으로 연관되어 있고, 행복과 전반적인 삶의 만족과 긍정적으로 연관되어 있는 것으로 나타났다.

"조금 더 말해주세요."

만약 당신의 연인이 "요즘 정말 유익한 책을 읽고 있어.", "나는 오늘 직장에서 너무 힘든 하루를 보냈어.", "이번 여행은 너무나 행복했어."라고 말할 때, 단지 "좋았겠네.", "대단하다." 또는 "나도 유감이다."라고 반응한다면 당신은 의미 있는 연결의 기회를 놓치고 있는 것이다. 이런 경우 다음 의제로 넘어가지 말고 "그 책의 내용을 좀 더 얘기해 줄 수 있겠어?", "어떤 일이 가장 힘들었어?", "너를 그렇게 행복하게 만든 것이 뭐였어?"라고 물어본다면 상대방과 더 좋은 관계를 유지·강화할 수 있다.

타인과의 관계를 강화하는 것은 단순히 기분 좋은 인간 행동일 뿐만 아니라 비즈니스에도 이점이 있다. "조금 더 말해주세요."라는 표현으로 지원적인 환경을 조성하는 것은 직원의 업무 소진과 스트레스를 줄일 수 있으며 긍정적인 직장 관계를 조성하여 창의성과 혁신성 향상에도 도움이 된다. 나아가 "말씀하신 내용에 대해서 어떻게 우리가 더 많은 것을 배울 수 있을까?"라는 문장을 추가한다면 참여도를 높이고 협업 및 문제 해결을 촉진할 수 있다.

"다른 사람은 또 누구인가요?"

대다수의 조직은 질문보다 답을 우선시할 뿐만 아니라, 특정한 사람이 이미 그 답을 가지고 있다고 생각한다. 조직내 브레인스토밍을 할 때 리더는 참석자의 의견을 모두 청취하고 "그럼, 제 의견대로 진행하겠습니다."라는 모습을 너무나 많이 지켜봤다.

픽사의 감독은 직원들에게 영화의 한 장면을 보여주며 피드백을 요청했다. 감독이 한 사람을 지목하여 피드백을 요구하자 "저는 회계사일 뿐입니다."라고 말했다. 그 감독은 "당신의 생각도 이 영화를 더 좋게 만드는 데 매우 중요합니다."라고 대답했다. 픽사의 감독들은 작가나 애니메이터 등 영화제작과 직접적인 관련이 없는 사람들의 관점에 대해 피드백을 끌어내어 보다 확장적이고 흥미로운 지혜를 도모한다. 픽사의 작가와 감독들은 판단적인 언어를 사용하지 않고 아이디어를 기반으로 하는 '플러싱 plusing'이라고 불리는 기술로 훈련을 받는다. 예를 들어, 감독들은 스케치를 거절하는 대신, "저는 베키의 눈이 좋아요, 그리고 만약 우리가…"라고 말함으로써 다른 관점의 시작점을 찾을 수 있다. 다른 누군가가 또 다른 플러스를 가지고 뛰어들 수도 있다. 이 기술은 사람들이 호기심을 가지고, 모든 종류의 아이디어가 탐구될 수 있도록 적극적으로 듣고, 다른 사람들의 아이디어를 존중하며, 자신의 의견이 기여할 수 있도록 해준다.

회사 규모나 산업에 상관없이, "다른 누가 우리에게 독특한 통찰력이나 해결책을 제공할 수 있을까?", "우리가 또 누구에게 물어볼 수 있을까?"라고 질문함으로써 호기심을 고취할 뿐만 아니라 동질적인 집단 사고에서 벗어날 수 있다. 탁월한 통찰력과 창의적인 해결책은 가능성이 낮은 사람들에게서 나올 수 있는데, 이는 평소에 얼마나 "다른 사람은 또 누구인가?"라고 질문하는가에 달려 있다.

조직 내 호기심 문화를 갖는 것은 단기성과의 문제를 극복할 뿐만 아니라 미래 성장을 가능하게 하고 장기적인 성공을 보장할 수 있는 매우 귀중한 자산이다. 마리 퀴리의 방사능 연구나 아인슈타인의 상대성 이론, 인공신경망을 이용한 머신러닝을 가능케 한 제프리 힌턴 교수와 같은 역사적 연구결과는 만족할 수 없는 호기심을 자극하는 언어에 힘입었다. 그들의 끊임없는 호기심 추구는 과학에서 패러다임을 바꾸는 진보의 길을 열었다. 격동의 시대에 높은 수준의 포괄성에 도달하여 다양한 인력을 유치할 수 있는 호기심은 이제 선택이 아닌 필수가 되었다.

시간은 사라지는 것이 아니라 구성되는 것이다

오늘날 우리는 과거와 미래가 단절된 시대에 살고 있다. 급변하는 사회 속에서 미래는 더 이상 예측 가능한 계획의 대상이 아니라 불확실성과 모호함으로 가득 찬 영역이다. 이처럼 방향을 잃은 시간 속에서 인간은 스스로를 어떻게 정의할 수 있을까? 이 질문은 곧 "인간에게 시간은 무엇인가?"라는 철학적 물음으로 이어진다.

사르트르는 이 지점에서 시간성을 단순한 물리적 흐름이나 객관적 지표로 보지 않았다. 그는 시간성을 인간 실존의 본질적 구조로 파악하며, 존재와 자유의 문제를 시간 속에서 해명하고자 한다. 그의 시간론은 이론적 설명을 넘어서 인간이 자기 자신을 어떻게 창조하고 구성해가는지를 보여주는 실존의 방식이다.

《존재와 무》에서 사르트르는 인간을 자기를 넘어서 존재하는 존재, 곧 항상 자신을 초과하고 미래를 향해 나아가는 존재로 규정한다. 인간은 단지 현재에 머무르는 존재가 아니라 아직 도달하지 않은 가능성을 향해 자신을 던지는 기투의 존재다. 이때 시간은 단순히 흐르는 것이 아니라 인간이 스스로의 삶을 선택하고 구성하는 자유의 장이 된다. 과거는 더 이상 결정된 사실의 누적이 아니라 현재의 의식 속에서 재해석되고 의미화된 기억이며, 미래는 단순한 다가올 시간이 아니라 인간이 주도적으로 열어가는 가능성의 지평이다.

사르트르는 이러한 시간 개념을 '심리적 시간성 temporalité psychologique'과 '근원적 시간성 temporalité originelle'이라는 두 차원으로 구분하여 설명한다. 심리적 시간성은 일상 속에서 우리가 경험하는 시간 감각—과거를 회상하고, 현재를 인식하며, 미래를 예측하는 의식의 흐름—에 해당한다. 이는 우리가 흔히 말하는 '시간을 느낀다'는 감각과 밀접하게 관련되어 있으며, 개인적이고 주관적인 차원에서 시간의 연속성을 구성한다. 하지만 이 경험적 시간은 보다 깊은 차원의 구조인 근원적 시간성에 의해 가능해진다.

근원적 시간성은 인간이 실존적으로 자신을 기획하고 구성할 수 있도록 하는 시간의 근본 구조이다. 이는 단순히 시간 안에서 살아가는 것이 아니라 인간이 시간을 창조하고 그 방향에 의미를 부여하는 존재임을 뜻한다. 인간은 단지 주어진 존재가 아니라, 늘 '아직 되지 않은 존재'로서 자신을 향해 나아가는 존재다. 따라서 존재는 완결된 상태가 아니라 항상 변화하고 초월해가는 과정 속에서 정의된다. 우리가 느끼는 심리적 시간은 바로 이 근원적 시간성에서 파생된 결과일 뿐이다.

사르트르는 이러한 시간 구조를 통해 인간이 '무néant', 즉 결핍과 부재의 자각을 통해 자기 자신을 정의하고, 세계를 의미화한다고 본다. 인간은 현재에 갇힌 존재가 아니라 현재를 넘어서 끊임없이 자신이 아닌 것, 곧 미래의 가능성을 향해 나아가는 존재다. 이처럼 시간은 단지 배경이 아니라 인간 실존이 펼쳐지는 장이며, 자기 초월과 실천이 가능한 토대다.

사르트르의 시간 개념은 마르틴 하이데거의 사유와 밀접한 관련을 가지지만 동시에 중요한 차이를 보인다. 하이데거는《존재와 시간》에서 인간 실존Dasein 을 죽음을 향한 존재로 규정하며, 실존의 본래성은 유한성의 자각, 즉 죽음을 향한 자각을 통해 드러난다고 보았다. 하이데거에게 시간성은 죽음에 이르는 과정 속에서 실존이 자기 가능성을 인식하고 본래성을 회복하는 구조다. 미래는 죽음에 의해 한정된 가능성의 지평이며, 이로 인해 실존은 자신의 유한성과 맞서며 존재의 의미를 자각하게 된다.

반면 사르트르는 시간성을 보다 실천적이고 긍정적인 구조로 해석한다. 그는 죽음을 존재로 인정하지 않고 가능성의 소멸로 간주한다. 다시 말해 죽음은 시간성의 종착점이 아니라 가능성의 경계일 뿐이다. 그에게 중요한 것은 죽음이 아니라 그 이전까지 인간이 미래를 어떻게 기획하고 선택하는가이다. 인간은 자기 과거를 초월하고 현재를 발판 삼아 새로운 가능성을 창조해가는 존재로서 시간 속에서 자유롭게 자기 존재를 구성한다. 이처럼 사르트르에게 시간은 죽음을 통해 본래성을 되찾는 유한성의 구조가 아니라 끊임없이 미래를 향해 나아가는 자유의 구조로서 기능한다.

사르트르와 종종 비교되는 또 다른 철학자는 앙리 베르그송이다. 프랑스 현대철학의 아버지로 불리는 베르그송은 《시간과 자유의지》에서 시간에는 두 가지가 있다고 보았다. 하나는 시계로 측정되는 외적이고 분할 가능한 물리적 시간이고, 다른 하나는 의식 속에서 흐르는 질적이고 연속적인 지속이다. 그는 참된 시간은 후자에 있다고 보며, 직관을 통해서만 파악 가능한 내면적 흐름으로서의 시간성을 강조했다. 시간은 분할될 수 없고 감각적이고 정동적인 경험으로만 포착된다는 점에서 베르그송의 시간은 정적인 수학적 개념이 아니라 감각적 흐름에 가깝다.

하지만 사르트르는 베르그송과도 선을 긋는다. 그는 시간의 감각적 직관이나 정동적 흐름을 인정하면서도 시간을 인간 의식의 능동적 구성으로 본다. 사르트르에게 시간은 지속이라기보다 스스로를 부정하고 기획하는 의식의 운동이다. 인간은 자신을 단순히 경험하는 존재가 아니라 선택하고 의미화하며 존재를 재구성하는 존재다. 이때 시간은 감정의 흐름이 아니라 의식의 기획, 즉 실존의 자유로운 구조로 해석된다. 인간은 지속되는 존재라기보다 지속을 넘어서 새로운 가능성을 창출하는 존재다.

이러한 시간 개념은 사르트르 실존철학의 핵심을 이룬다. 그는 인간을 고정된 본질로 보지 않았고, 주어진 정체성에 갇힌 존재로도 보지 않았다. 오히려 인간은 자기의 과거와 조건을 초월하여, 언제든지 새로운 존재로 자신을 다시 정의할 수 있는 가능성의 존재다. 이러한 가능성은 바로 시간성 속에서 실현된다. 인간은 언제든지 자신의 삶을 다시 선택할 수 있으며, 따라서 자신의 삶에 대한 전적인 책임을 져야 한다.

이때 시간은 단지 배경이 아니라 자유와 책임이 실현되는 구체적 장場이 된다. 인간은 단순히 시간의 흐름 속에서 형성되는 존재가 아니라 시간을 구성하고 의미화하는 능동적 주체다. 이처럼 사르트르의 시간성은 인간의 주체성과 실존의 자유를 철학적으로 뒷받침하는 핵심 개념으로, 오늘날 불확실성과 단절의 시대 속에서도 존재를 능동적으로 구성하려는 인간의 가능성을 여전히 유효하게 제시하고 있다.

시간 위의 조직

현대 경영은 더 이상 예측 가능한 세계를 전제로 한 정태적 학문이 아니다. 오히려 불확실성과 단절, 실시간 변화가 일상이 된 현실 속에서 조직은 끊임없이 자신을 다시 정의하고 전략을 재구성하며, 리더십의 역할마저 재해석해야 하는 전환의 시기를 맞이하고 있다. 과거에는 정합적인 장기 계획과 반복 가능한 프로세스를 중심으로 안정성과 효율성을 추구했다면 이제는 실시간 데이터와 인공지능과 다른 주체적 해석 능력이 핵심 역량이 되고 있다. 이러한 흐름 속에서 사르트르의 시간에 대한 그의 독창적 통찰은 철학의 울타리를 넘어 인간 중심 경영과 조직의 자기 기획이라는 과제에 실질적인 사유의 틀을 제공해 준다.

사르트르가 말한 인간 존재의 핵심은 바로 시간 속에서의 주체적 기획이다. 그는 인간을 고정된 현재에 머무는 존재로 보지 않았다. 인간은 항상 미래를 향해 자신을 던지는 존재, 다시 말해 현재의 자신을 스스로 기획하고 구성하는 존재다. 여기서 미래는 단순히 시간적으로 나중에 오는 것이 아니라 인간의 실존을 가능하게 하는 의미의 지평이다. 이런 관점은 경영에서도 중요한 함의를 갖는다. 조직은 더 이상 미리 정해진 청사진을 향해 움직이는 기계적 시스템이 아니라 환경의 변화와 전략적 선택에 따라 끊임없이 자기 기획을 수행하는 살아 있는 존재로 보아야 한다. 즉 미래는 예측할 대상이 아니라 스스로 만들어야 할 책임이며, 그래서 오늘날에는 미래 설계 능력이 경쟁력을 좌우한다.

이러한 시간성 개념은 과거에 대한 태도도 새롭게 조명하게 한다. 사르트르는 과거를 절대적인 결정이나 축적의 결과로 보지 않았다. 오히려 그는 과거를 해석의 대상, 현재의 의식 속에서 재구성되는 유동적 기억으로 해석했다. 인간은 자신이 겪은 일을 통해 결정되는 것이 아니라 그 경험에 어떤 의미를 부여하느냐에 따라 새로운 존재로 다시 태어난다.

이는 조직이 실패나 위기를 어떻게 대면해야 하는지에 대한 통찰을 제공한다. 많은 조직이 과거의 실수를 되풀이하지 않기 위해 복기와 반성에 집중하지만 그것이 단지 반복의 방지에 머문다면 정체성은 갱신되지 않는다. 중요한 것은 그 실패를 어떻게 재해석하고, 현재의 맥락에서 어떤 교훈과 가능성을 추출하느냐이다. 과거는 되풀이할 대상이 아니라 새로운 서사를 만들어 낼 수 있는 원재료다.

한편 조직은 때때로 과거의 성공에 지나치게 의존함으로써 변화의 타이밍을 놓치고 이전의 영광이 현재의 한계를 만드는 역설을 겪기도 한다. 인텔, 코닥, 노키아, 블랙베리, 샤프, 야후, 세가, 블록버스터, 마이클 델, 토이저러스, 반디앤루니스 등 당대 유수의 글로벌 기업이 그 전철을 밟았다. 과거의 성공은 그것이 형성된 조건과 문맥 속에서만 유효한 것이며, 시대가 바뀌면 그 성공 공식을 고수하는 태도 자체가 큰 리스크가 된다.

사르트르의 시간성은 바로 이 지점을 환기시킨다. 성공이든 실패든 과거는 현재의 해석 행위 속에서만 의미를 가진다. 조직은 과거의 성공에 머무는 것이 아니라 그 성공을 오늘의 현실 속에서 새롭게 의미화하고 다시 기획할 수 있어야 한다. 정체성이란 축적된 업적이 아니라 시간 속에서 다시 구성되는 존재의 방식이기 때문이다.

시간에 대한 사르트르의 사유는 리더십 개념에도 전면적인 전환을 촉구한다. 그는 인간이 자기 존재 전체에 책임을 지는 존재라고 주장했다. 이는 단지 결과에 대한 책임이 아니라 시간 속에서 어떤 선택을 하고 어떤 미래를 구성해나갈 것인지에 대한 책임이다. 따라서 리더는 관리자나 지시자의 역할을 넘어 조직이 의미 있는 방향을 기획하고 서사를 구성해 나갈 수 있도록 실존적 책임을 수행하는 존재로 이해되어야 한다. 리더는 정답을 제시하는 사람이 아니라 끊임없이 "무엇이 우리에게 의미 있는가?"라는 질문을 조직과 함께 던지고 해석하며, 선택하는 실천의 주체다. 결국 좋은 리더는 높은 통제력을 지닌 인물이 아니라 불확실성 속에서도 해석의 중심을 잃지 않고 구성원과 함께 시간의 의미를 설계해 나갈 수 있는 사람이다.

이러한 모든 사유는 결국 시간이야말로 경영과 리더십을 구성하는 가장 본질적인 차원임을 강력하게 시사한다. 조직의 과거, 현재, 미래가 맞물려 만들어내는 시간의 연속성 속에서만 진정한 변화와 성장이 가능하다. 고정된 틀에 갇힌 조직은 결국 쇠퇴할 수밖에 없으며, 반대로 시간을 능동적으로 해석하고 재창조하는 조직만이 불확실성과 혼돈 속에서도 새로운 기회를 포착하고 지속 가능한 혁신을 이룰 수 있다. 결국, 조직의 미래는 과거의 무게에 눌려 머무르는 것이 아니라 시간이라는 흐름 위에

서 끊임없이 자신을 다시 쓰고 재창조하는 용기와 결단에 달려
있다.

이미지는 사유다

오늘날의 아이들은 더 이상 부모의 음성과 책장을 넘기는 소리 속에서 자라지 않는다. 대신 그들은 눈앞에서 끊임없이 변하는 색채와 움직임, 디지털 스크린에서 흘러나오는 이미지들과 함께 성장하고 있다. 어른들은 이를 우려하며 "영상을 끄고 책을 읽어야 한다."고 타이른다. 그러나 이런 충고는 단순한 생활습관의 권유를 넘어 사유와 지식에 대한 암묵적 위계를 반영하고 있다.

우리는 아직도 종이책 속의 활자, 논리적 추론, 추상 개념에 기반한 사유를 고차원적인 것으로 간주하고, 이미지나 시각적 경험은 감각적이며 피상적이고, 때로는 진지한 사유의 적이라고 치부하는 경향이 있다. 하지만 이러한 구분은 과연 여전히 유효한가? 지금 이 순간에도 수많은 정보와 세계 인식이 이미지의 형태로 유통되고 있는 현실을 외면한 채, 활자 중심 사유만을 유일한 진리의 형식으로 고수하는 것은 당연한가?

물론 활자가 가진 장점을 무시할 순 없다. 우리는 이미지의 시대에 살고 있지만 활자가 여전히 유효하고 강력한 사유의 매체임을 인정한다. 우선, 활자는 속도보다 지속에 가깝다. 시각적 자극이 빠른 전환과 즉각적인 반응을 유도한다면 활자는 독자가 능동적으로 속도를 조절하며 의미를 곱씹게 만든다. 이 과정은 단지 정보를 소비하는 것이 아니라 집중력과 깊이 있는 사유를 훈련하는 작용이다.

또한, 활자는 논리적 구조와 추론을 훈련하는 데 유리하다. 문장과 문단, 장과 절로 구성된 텍스트는 사고의 흐름을 조직화하고, 인과관계나 개념 간의 연결을 명확하게 이해하게 만든다. 이는 복잡한 사고를 다루고 다양한 논의를 비교·대조하며 자신의 입장을 세우는 데 핵심적인 역할을 한다.

무엇보다 활자는 상상력의 빈 공간을 남긴다. 이미지가 시각적 요소를 즉시 제공한다면 활자는 독자가 장면이나 감정을 마음속에서 구성하게 한다. 이러한 내면화된 이미지는 단순한 수동적 수용을 넘어 독자가 능동적으로 세계를 상상하고 재구성하는 힘을 길러준다.

하지만 이러한 활자의 장점에도 불구하고 이미지의 지위는 분명히 달라지고 있다. 광고, 영화, 유튜브, 밈meme, 인터페이스 디자인에 이르기까지, 이미지는 더 이상 보조 수단이 아니라 사유와 의미 형성의 주체적 매체로 기능하고 있다. 우리는 더 이상 이미지 이전의 상태로 되돌아갈 수 없다. 순수 텍스트 중심의 세계는 역사적 국면에 불과했으며, 오늘날 사유는 활자와 이미지, 추상과 감각이 얽히는 혼합적 차원에서 이루어진다.

그렇다면 우리는 이제 이미지에 대해 다시 생각해 볼 필요가 있다. 이미지가 단순한 현실의 모사나 감각적 유희라는 오랜 편견에서 벗어나 그것을 하나의 인식 방식이자 세계와 관계 맺는 실질적인 통로로 재규정해야 할 시점이다. 이러한 맥락에서 사르트르의 이미지 철학은 오늘날의 디지털 현실과 놀라운 접점을 보여준다. 그는 이미지에 대한 전통 철학의 편견을 비판하면서 이미지를 철학적 사유의 중심으로 끌어올린 사상가였다.

사르트르는 이미지에 대한 철학적 논의를 깊이 있게 다룬 저서《상상력의 문제》를 통해 이미지의 본질을 다시 정의하고자 했다. 그는 이미지가 결코 현실의 열등한 복제나 단순한 인식 대상이 아니며, 오히려 그것은 인간 의식이 세계를 조직하고 의미화하는 적극적 활동이라고 보았다.

전통적으로 이미지는 플라톤 이후의 철학에서 실재의 그림자로 간주되어 왔다. 현실의 모방에 불과한 것으로 진리에 이르기 위해서는 감각적 이미지를 제거해야 한다는 인식론이 지배적이었다. 하지만 사르트르는 이러한 위계를 전복한다. 그는 이미지가 단순히 보는 것이 아니라, 세계를 의식하는 방식이라는 점을 강조한다.

사르트르에게 있어 이미지는 기억, 상상, 기대, 부재하는 것에 대한 표상 등 현실적으로 존재하지 않는 것을 의식 속에 재현할 수 있는 능력과 관련되어 있다. 이미지란 물리적으로 존재하는 사물의 복제가 아니라 오히려 현실 너머를 지향하고 현실을 넘어서려는 의식의 초월성 transcendence 을 드러내는 구조인 것이다. 그는《상상력의 문제》에서 이렇게 강조한다. "이미지는 결코 사물의 복제가 아니다. 그것은 우리가 현실을 넘어서 사유할 수 있게 해주는 자유의 장치다."

사르트르 철학에서 이미지의 핵심은 부재하는 것을 현재화하는 능력이다. 예컨대, 당신이 지금 친구의 얼굴을 떠올리고 있다면 그 친구는 이 자리에 존재하지 않지만 당신의 의식은 그 얼굴을 이미지로 재구성하고 있다. 이때 이미지란 단순히 기억의 재생이 아니라 현실의 부재를 인식하는 방식이며, 또한 그 부재를 창조적으로 구성하는 자유로운 작용이다.

사르트르에게 있어 이 이미지의 자유는 인간 존재의 본질과도 맞닿아 있다. 우리는 항상 무엇인가가 아닌 다른 것을 상상하고, 현실에 머물지 않고 새로운 세계를 구상할 수 있기 때문이다. 이미지 활동은 현실에 대한 복종이 아니라 끊임없는 넘어서기 초월 의 운동이다.

사르트르의 이미지론은 단순한 인식론을 넘어 예술, 정치, 실존 전반에 적용될 수 있다. 그는 예술을 현실의 재현이 아니라 상상력의 실천이라고 보았다. 예술가가 하나의 형상을 그릴 때 그는 단순히 대상을 복사하는 것이 아니라 새로운 의미를 세계 속에 끌어들이는 존재론적 활동을 하는 것이다.

마찬가지로 실존 역시 있는 그대로 존재하는 것이 아니라 이미지를 통해 자기 자신과 세계를 재구성하고 기획하는 과정이다. 우리는 매 순간 스스로의 삶을 이미지로 형상화하고, 그것을 현실로 밀어붙이기 위해 선택하고 행동한다. 이처럼 사르트르에게 있어 이미지는 존재의 소극적 반영이 아니라 능동적 기획과 자유의 토대인 것이다.

형태 너머의 존재

1995년, 안도 다다오는 건축계의 노벨상이라 불리는 프리츠커 상을 비롯해 세계 유수의 건축상을 휩쓸며 세계적인 건축가로 인정받았다. 젊은 시절 프로 권투선수로 활동한 독특한 경력에 정규 건축 교육 없이 정상에 오른 그의 이력은 흔히 천재성이나 독학의 힘으로 설명되곤 하지만 보다 깊이 들여다보면 그의 비범함은 이미지에 대한 독특한 사고 훈련에서 비롯된다.

젊은 시절, 그는 설계 아르바이트로 번 모든 돈을 들고 해외 여행길에 올랐다. 러시아의 시베리아에서 출발해 유럽과 아프리카, 인도, 동남아 여러 도시를 거치며 매일 15시간, 50킬로미

터를 걸었다. 단순한 여행도, 체력 단련도 아니었다. 그것은 건축을 몸으로 이해하기 위한 훈련이자, 무엇보다 머릿속에서 건축을 사유하는 능력을 단련하는 이미지 훈련의 시간이었던 것이다.

안도는 도시의 풍경과 낯선 건축물을 단순히 눈에 담는 데 그치지 않았다. 그는 자신이 마주한 건축물의 구조와 형태, 재료와 질감을 머릿속에서 해체하고, 다시 자신이 설계한다고 상정하며 조립하는 과정을 반복했다. 즉, 완성된 건축물을 거꾸로 따라가며 그 설계 과정을 유추해보는 '리버스 엔지니어링 reverse engineering' 방식으로 건축을 이미지화하고, 그것을 사고의 도구로 삼았던 것이다.

이러한 방식은 사르트르가 말한 이미지 철학과 깊이 맞닿아 있다. 사르트르에게 있어 이미지는 단순한 시각적 재현이 아니라 존재를 가능하게 만드는 방식이다. 이미지는 외부 사물을 내면화하고, 그것을 다시 창조하는 능동적 행위이며, 존재의 구조를 드러내는 수단이다. 안도의 도보 훈련은 바로 이러한 이미지적 사고의 반복이었다. 그는 눈으로 본 건축을 단순히 기록하거나 감상하는 데 머무르지 않고, 머릿속에서 그것을 다시 짓는 상상을 통해 자기 것으로 만들었다. 이 과정을 통해 건축은 단지 보이는 물건이 아니라 끊임없이 재창조되는 사고의 대상으로 전환되었다. 그는 한 인터뷰에서 이렇게 말했다.

"머릿속으로 건축을 생각하는 훈련이 힘든 여행 덕분에 가능했습니다. 그 과정에서 계발된 능력은 지금도 내 안에 잠재해 있습니다. 건축을 배우는 일은 독서와 비슷합니다. 책을 읽으며 의미를 이해하고, 그 의미를 곱씹어 생각하며 지식으로 만들 듯 건축도 마찬가지입니다. 한 글자 한 글자 책을 읽듯 건축물을 꼼꼼히 살펴보면 본질과 역할과 특징을 간파하고, 머릿속으로 곱씹으며 살아 있는 건축 지식으로 자기 안에 스며들게 해야 합니다. 건축을 제도로 하려면 이것을 해낼 수 있어야 합니다.”[14]

이 말은 사르트르의 이미지 개념과 정확히 일치한다. 이미지란 단순한 시각적 대상이 아니라 의미가 응축된 존재 방식이다. 안도는 건축물을 이미지로 다시 구성하면서, 그것이 담고 있는 문화적 맥락, 기능적 구조, 미적 질서까지 통합적으로 파악했다. 단지 외형을 보거나 수치를 읽는 것이 아니라 그 공간이 품은 시간과 기억, 빛의 흐름과 감정의 리듬까지도 이미지로 재현해 내려 했다.

건축은 본질적으로 언어로 완전히 환원될 수 없는 대상이다. 바로 이 점에서 이미지적 사고는 필수적인 요소가 된다. 안도는 이러한 건축의 속성을 직관적으로 이해했고, 텍스트나 수치보다는 이미지로 더 깊이 사고할 수 있는 방식을 택했다. 그의 도보 훈련은 곧 이미지 중심 사고의 반복이었다. 머릿속에서 끊임없이 형상화하고, 해체하고, 재구성하며, 그는 사고의 물성을 기른 것이다. 사르트르가 말했듯, 이미지는 존재의 한 방식이다.

나아가 안도는 시간 개념 역시 이미지화했다. 그는 완성된 건축물에서부터 그것이 설계되고 시공되었을 과정을 상상하고, 앞으로 어떻게 사용될지를 그려보며, 시간을 공간 속에서 이미지로 전환하는 능력을 키웠다. 과거의 구조, 현재의 형태, 미래의 가능성을 하나의 이미지로 통합하는 능력은 안도의 핵심역량이자 창의성의 본질이었다.

이러한 이미지적 사고는 비단 건축 분야에만 국한되지 않는다. 복잡성과 불확실성이 증대된 오늘날의 비즈니스 환경에서도 경영자에게는 단순한 수치와 분석을 넘어 미래의 조직을 이미지화하고, 그것이 품을 수 있는 가능성을 직관적으로 사유할 수 있는 능력이 요구된다. 실적 중심의 마케팅 보고서나 재무제표는 조직의 구조와 성과를 수치화할 수는 있어도 그 조직이 작동하는 방식, 구성원 간의 정서적 관계, 브랜드가 지닌 문화적 상징성 같은 요소는 포착하지 못한다. 이처럼 언어화되기 어려운 조직의 본질을 인식하는 방식이 바로 이미지적 사고다.

이미지는 단지 시각적 재현이 아니라 사르트르가 말했듯 '의미가 응축된 존재 방식'이다. 조직을 바라볼 때, 단지 그 구조를 보는 것이 아니라 그 구조가 만들어내는 분위기, 정체성, 흐름을 이미지로 떠올리는 능력이 중요하다. 예컨대 수평적 구조와 자율적 팀제가 존재할 때, 그것이 만들어내는 심리적 안전감, 창의성이 발현되는 분위기, 리더십의 분산 양상을 감각적으로 이미지화할 수 있어야 한다. 이처럼 이미지적 사고는 조직의 보이지 않는 구조를 인식하고 사유하는 데 핵심적 역할을 한다.

많은 경영전략이 실패하는 이유는 바로 이 이미지적 상상력의 결핍에 있다. '어떻게 할 것인가?'에만 몰두한 나머지, '무엇을 위해?', '어떤 구조를 설계할 것인가?', '그 구조는 어떤 정서적 질서와 조화를 낳을 것인가?'에 대한 상상은 종종 결여된다. 이때 전략은 방향을 잃고, 구조는 껍데기만 남게 된다. 반면, 탁월한 리더들은 아직 도래하지 않은 미래를 이미지화하고 그것을 조직 구성원들과 공유 가능한 비전으로 전환한다. 이때 이미지화는 단순한 예측이 아니라 존재의 가능성을 형상화하는 창조 행위가 된다.

브랜드 경영 또한 마찬가지다. 강력한 브랜드는 텍스트나 로직이 아니라 이미지로 구성된다. 우리는 나이키를 볼 때 '운동화'보다 먼저 '질주', '자신감', '챌린지' 같은 감각적 상징들을 떠올린다. 이는 브랜드가 단순한 제품이 아니라 하나의 존재 방식으로 작동한다는 것을 의미한다. 안도 다다오가 건축물 속에서 빛의 흐름과 공간의 감정을 이미지로 떠올렸듯, 뛰어난 경영자는 브랜드나 조직의 무형 자산을 이미지로 포착하고, 그것을 감각적으로 설계한다. 그리고 그 이미지 구조를 통해 세계와 관계 맺는다.

결국, 안도 다다오의 건축 철학과 작업 방식은 단순한 기술 훈련이 아니다. 그것은 이미지의 힘을 사고 도구로 삼아 세계를 구성하고 재창조하는 실존적 훈련이다. 그는 사물을 있는 그대로 복제하는 데 그치지 않고, 그것을 머릿속에서 다시 빚고 새롭게

존재하게 만들었다. 이는 이미지가 단순한 시각 보조물이 아니
라 사고 자체이며 존재를 형성하는 매개라는 점을 강력하게 보
여준다.

그의 사례는 우리에게 중요한 시사점을 던진다. 복잡하고 추
상적인 문제를 다루는 시대일수록 이미지적 사고의 훈련은 더
욱 중요해진다. 보고 떠올리고 재구성하는 이미지적 사유는 단
지 창의성의 기초가 아니라 보이지 않는 것을 보는 능력, 즉 상
상력과 통찰력, 그리고 존재를 구성하는 능력의 핵심이다. 안도
다다오의 걸음은 그 자체로 이미지 훈련이었으며, 그 이미지들
은 오늘날 전 세계에 실체로 서 있다.

참고문헌

1 톰 피터스 · 낸시 그린 지음, 박찬정 · 박철우 옮김(2023), 《톰 피터스의 비즈니스 인사이트》, 아템포.

2 Simon Sinek(2020), The Infinite Game, Penguin Books Ltd.

3 박홍규(2008), 《카페의 아나키스트 사르트르》, 열린시선.

4 장폴 사르트르 지음, 지영래 옮김(2013), 《닫힌 방》, 민음사.

5 Nick Trenton(2021), Stop Overthinking: 23 Techniques to Relieve Stress, Stop Negative Spirals, Declutter Your Mind, and Focus on the Present, PKCS Media.

6 David Marcum, Steven Smith(2009), Egonomics : What Makes Ego Our Greatest Asset. Pocket Books.

7 Johnson, D. W., Johnson, R. T., & Stanne, M. B. (2000). Cooperative Learning Methods: A Meta-Analysis. University of Minnesota, Cooperative Learning Center.

8 변광배(2004), 《장 폴 사르트르 시선과 타자》, 살림.

9 장 폴 사르트르 지음, 정명환 옮김(2008), 《말》, 민음사.

10 개인 기부 늘고, 저변도 확대됐다, 더 나은 미래, 2024.02.29.

11 "조금 비싸더라도 착한 소비"…커지는 가치소비 시장, MBC뉴스, 2023.04.09.

12 Francesca Gino(2018), The Business Case for Curiosity, Harvard Business Review.

13 Brian Grazer 이매진엔터테인먼트 회장 직원에게 "이거 해" 대신 "어떻게 이 문제 해결할까" '질문 경영'의 놀라운 힘, 조선일보, 2017.02.18.

14 사이토 다카시 지음, 김수경 옮김(2025), 《일류 경영자의 조건》, 사람과 나무사이.

사르트르의 경영학 수업

초판 1쇄 인쇄 2026년 1월 23일
초판 1쇄 발행 2026년 1월 30일

지은이 정인호
펴낸이 박세현
펴낸곳 팬덤북스

기획 편집 곽병완
디자인 김민주
마케팅 전창열
SNS 홍보 신현아

주소 (우)14557 경기도 부천시 조마루로 385번길 92 부천테크노밸리유1센터 1110호

전화 070-8821-4312 | **팩스** 02-6008-4318
이메일 fandombooks@naver.com
블로그 http://blog.naver.com/fandombooks

출판등록 2009년 7월 9일(제386-251002009000081호)

ISBN 979-11-6169-381-1 03320